INNSBRUCKER BEITRÄGE ZUR KULTURWISSENSCHAFT
Germanistische Reihe Band 46

Grillparzer-Bilder 1991

Dokumentation und Bibliographie von Artikeln deutschsprachiger Zeitungen zum 200. Geburtstag des Dichters

Herausgegeben von Monika und Michael Klein

Eine Veröffentlichung des Innsbrucker Zeitungsarchivs

Innsbruck 1993

Gedruckt mit Unterstützung des Bundesministeriums
für Wissenschaft und Forschung und der Universität Innsbruck,
des Amtes der Tiroler Landesregierung (Kulturabteilung)
und der Stadtgemeinde Innsbruck

Die Deutsche Bibliothek – CIP-Einheitsaufnahme

Grillparzer-Bilder 1991:
Dokumentation und Bibliographie von Artikeln deutschsprachiger Zeitungen
zum 200. Geburtstag des Dichters;
eine Veröffentlichung des Innsbrucker Zeitungsarchivs /
hrsg. von Monika und Michael Klein. –
Innsbruck: Inst. für Germanistik, Universität, 1993
(Innsbrucker Beiträge zur Kulturwissenschaft: Germanistische Reihe; Bd. 46)
ISBN 3-901064-06-0
NE: Klein, Monika [Hrsg.]; Innsbrucker Zeitungsarchiv zur Deutsch-
und Fremdsprachigen Literatur; Innsbrucker Beiträge zur
Kulturwissenschaft / Germanistische Reihe

Bestellungen sind zu richten an das Institut für Germanistik,
Universität, Innrain 52, A – 6020 Innsbruck
oder an Ihre Buchhandlung

Umschlag: Walter J. Ferstl, A – 6020 Innsbruck

Gestaltung: textConsult, A – 6020 Innsbruck
Druck: Steigerdruck, A – 6094 Axams

INHALTSVERZEICHNIS

Michael Klein

BRENNPUNKTE DER GRILLPARZER-REZEPTION IM GEDENKJAHR

> "Von allem Anfang an war [...] mein Grillparzer-Bild weniger historisch als nach seinen Folgen im zwanzigsten Jahrhundert orientiert."
>
> Heinz Politzer

Man wußte es natürlich schon vorher, einer besonderen prophetischen Begabung bedurfte es nicht: Das Grillparzerjahr würde in der breiteren öffentlichen Wahrnehmung natürlich vor allem ein Mozartjahr sein. Das muß man nicht nur als Nachteil sehen. Die verschiedenen Aktivitäten und Reaktionen rund um und auf den 200. Geburtstag des Dichters am 15. Jänner 1991 blieben so überschaubar. Daß sie nicht übersehen werden, dazu mit einem kleinen Nachtrag beizutragen, ist eine der Absichten dieser Veröffentlichung.

Darüberhinaus ist sie einem Aspekt der Grillparzer-Rezeption gewidmet, der sonst kaum beachtet worden ist. Nicht die neuesten Einsichten der Forschung werden hier vorgestellt. Vielmehr interessierten uns die Grillparzer-Bilder der Kulturseiten, der Feuilletons und der Samstagbeilagen in ausgewählten regionalen und überregionalen deutschsprachigen Tages- und Wochenzeitungen. Die in erster Linie rezeptions- und wirkungsorientierte Fragestellung lautet: Welches Bild Grillparzers wird dem interessierten Laien in den öffentlichen Medien, in diesem Fall den periodischen Printmedien, vermittelt, und, gegebenenfalls, welche Unterschiede bestehen zwischen den verschiedenen deutschsprachigen Ländern? Der mögliche Einwand, daß die Differenzierung zwischen einer wissenschaftlichen und einer nichtwissenschaftlichen Sicht auf den Dichter im gegenständlichen Fall wenig sinnvoll sei, weil es sich bei nicht wenigen Beiträgern auch in den Zeitungen um bestallte Hochschulgermanisten, zum Teil sogar um ausgewiesene Grillparzerforscher handle, ist nur zum Teil berechtigt. Auch diese Fachvertreter verfolgen in ihren Beiträgen keineswegs irgendwelche Detailfragen, sondern wenden sich im gegebenen

Rahmen an ein breiteres Publikum – mit einem Unterschied freilich, daß sie in der Regel näher am Gegenstand bleiben und weniger schnell nach Aktualisierungsmöglichkeiten suchen als ihre Journalistenkollegen.

Um also keine falschen Hoffnungen zu wecken, sei noch einmal ausdrücklich betont, daß die hier gesammelten Beiträge wesentlich neue Erkenntnisse im Sinne der Wissenschaft nicht vermitteln und wohl auch nicht vermitteln wollen.

Andererseits aber, und das war für uns ein weiterer Grund für den Wiederabdruck dieser sonst nicht leicht zu bibliographierenden, über den ganzen deutschen Sprachraum verstreut erschienenen Aufsätze, handelt es sich bei der Mehrzahl von ihnen auch nicht nur um die bloß popularisierten Zusammenfassungen der germanistischen Forschung. Die gibt es natürlich auch. Aber insbesondere in den Artikeln der österreichischen Beiträger werden zum Beispiel Fragen angesprochen, die in aller Regel kein Thema der wissenschaftlichen Beschäftigung mit dem Dichter sind, sehr wohl aber mit den Konsequenzen der auch heute noch in Österreich zu beobachtenden Stilisierung Grillparzers zum Repräsentanten eines affirmativ verstandenen "habsburgischen Mythos" zusammenhängen und mit seiner erst jetzt wieder aus Anlaß des Gedenkjahres erfolgten öffentlichen Ausrufung zum österreichischen "Nationaldichter". So konnte man bereits Ende September 1990 einer Aussendung des österreichischen Bundesministeriums für Wissenschaft und Forschung entnehmen, daß anläßlich des bevorstehenden Jubiläums "schwerpunktmäßig [...] Fragen im Zusammenhang mit Grillparzer als Nationaldichter sowie als Werber für mitteleuropäische Identität" behandelt bzw. gefördert werden sollten (vgl. z.B. "Wiener Zeitung" vom 25. 9. 1990).

Bevor auf diesen und andere in den verschiedenen Beiträgen angesprochenen Aspekte etwas genauer eingegangen werden soll, noch ein paar quantifizierende, bilanzierende Beobachtungen zu den sonstigen Aktivitäten rund um den 200. Geburtstag, da schon deren Verteilung erste Einsichten in das jeweils besondere Interesse oder auch Desinteresse an dem Dichter erlaubt.

Die nicht neue Behauptung, daß Grillparzer schon immer vor allem ein Gegenstand der Wissenschaft gewesen sei, scheinen nicht zuletzt auch die zahlreichen Tagungen des Jahres 1991 zu bestätigen. Gestützt auf die Ankündigungen und die Besprechungen in den Medien, lassen sich allein für Wien über das Jahr verteilt drei derartige Veranstaltungen nachweisen. Weitere Tagungen oder Kongresse gab es in Innsbruck, Mailand, Pavia, Rom, den USA, an der State University of New York at Albany sowie in Neuseeland an der University of Otago/Dunedin und in Paris an der

Sorbonne[1], wobei insbesondere das offenbare Desinteresse des deutschsprachigen Auslandes an Grillparzer auffällt.

Bei genauerem Hinsehen allerdings ist auch diese These zu relativieren, nämlich dann, wenn man sich die neuere Sekundärliteratur anschaut und sich dabei, der Einfachheit halber, auf die selbständigen Publikationen beschränkt. Der Befund war auch für die Herausgeber überraschend. Denn selbst wenn man zu diesem Zweck die Jahre 1989, 1990 und 1992 in die Beobachtung zusätzlich miteinbezieht, konnten insgesamt nur 6 derartige Publikationen nachgewiesen werden. Daß es sich bei der vermutlich wichtigsten dieser Arbeiten, der Untersuchung von Heinz Politzer: "Franz Grillparzer oder das abgründige Biedermeier" zudem noch um die "bloß" unveränderte Neuauflage aus dem Jahr 1972 handelt, spiegelt das tatsächliche Interesse oder die Schwierigkeiten auch der Germanistik mit dem Dichter und seinem Werk besser als alle öffentlichen Bekenntnisse.

Eine breitere Öffentlichkeit sollten vor allem die Prägung einer eigenen Zwanzig-Schilling-Münze, eine Sonderbriefmarke und mehrere Ausstellungen auf den 200. Geburtstag aufmerksam machen. Letztere waren vor allem wiederum in Wien zu sehen: in den Prunkräumen des Bundesministeriums für Finanzen, wo Grillparzer von 1831 bis 1856 Archivdirektor war, im Hofkammerarchiv und im Historischen Museum, aber auch in Innsbruck, London und an der Heinrich-Heine-Universität in Düsseldorf. Eine von der Dokumentationsstelle für neuere österreichische Literatur zusammengestellte Wanderausstellung wurde in verschiedenen Bildungseinrichtungen der Bundesländer sowie in einigen Kulturinstituten im Ausland gezeigt.

Ein Blick auf die Neuinszenierungen der Bühnenwerke des Dichters in den Spielzeiten 1990/91 und 1991/92, einschließlich der Salzburger Festspiele, scheint die zuvor gemachten kritischen Beobachtungen hinsichtlich seiner geringen Präsenz in der Forschung für das Theater zu widerlegen. Die Zahl von 18 Neuinszenierungen von der "Ahnfrau" bis zur "Jüdin von Toledo" ist an sich durchaus beachtlich, zumal wenn man sich bewußt macht, daß überhaupt nur 4 Stücke gänzlich unberücksichtigt geblieben sind: neben den auch sonst kaum gespielten "Melusine" und "Esther" sind dies "Ein treuer Diener seines Herrn" und "Des Meeres und der Liebe Wellen".

Aber auch dieser Befund relativiert sich, wenn man erkennt, daß insgesamt nur 6 dieser Inszenierungen aus dem deutschen Sprachraum

---

1 Zu den Symposien in Neuseeland und Paris konnten keine Pressemeldungen nachgewiesen werden.

außerhalb Österreichs stammen, nämlich eine aus der Schweiz und lediglich 5 aus dem ganzen wiedervereinigten Deutschland. Daß diese Inszenierungen, wie aus der Bibliographie ersichtlich, sämtlich von der Presse kaum wahrgenommen wurden, läßt darüberhinaus vermuten, daß sie, aus welchem Grund auch immer, nur wenig Aufsehen zu erregen vermochten.

Der Vollständigkeit halber sei vermerkt, daß auch ein Blick auf die öffentlich-rechtlichen Hörfunk- und Fernsehanstalten diesen Befund nur unwesentlich verändert. So wurde das Gedenkjahr zwar vom ORF ausdrücklich mit einem eigenen "Grillparzer-Schwerpunkt" begangen, u.a. mit der Neuproduktion einer Fernsehdokumentation, "Die Flucht ein Leben", und der Wiederausstrahlung mehrerer, allerdings zumeist älterer Bühnen-, Fernseh- und Hörspielinszenierungen aus den Archiven. Von den übrigen deutschsprachigen Anstalten aber scheint allein noch das ZDF auf den Geburtstag des Dichters reagiert zu haben, und zwar ebenfalls mit einer von der Presse durchaus beachteten Dokumentation: "Die gestutzten Flügel der Phantasie" – nachdem bereits im Jahr zuvor in diesem Sender die Langhoffsche Inszenierung der "Jüdin von Toledo" von den Salzburger Festspielen 1990 zu sehen war. Von den anderen deutschsprachigen Fernsehanstalten, einschließlich der deutschen Länderprogramme, ist dieses Ereignis, so weit zu sehen ist, nicht beachtet worden.

Dieser Hintergrund macht das breite Presseecho auf das Grillparzer-Jubiläum in den Tages- und Wochenzeitungen, und zwar auch *außerhalb* Österreichs, umso bemerkenswerter; dies umso mehr, wenn man weiß, daß beispielsweise der 200. Geburtstag Ferdinand Raimunds vor zwei Jahren am 26. 5. 1990 lediglich von einem der hier untersuchten Organe, der Schweizer "Neuen Zürcher Zeitung", zur Kenntnis genommen wurde.

Zu den Zahlen: In den 16 von uns ausgewerteten mittleren und größeren Blättern der beiden deutschsprachigen Nachbarländer konnten immerhin 11 mehr oder weniger umfangreiche Gedenkartikel nachgewiesen werden. Wenn es sich bei zwei Beiträgern auch in diesen Zeitungen um österreichische Journalisten bzw. Literaturkritiker handelt (Nenning, Melzer), schmälert dies den Befund nicht. Entscheidend erscheint einzig, daß auch die meisten der größeren nichtösterreichischen Periodika bzw. deren Kulturredaktionen den Anlaß offenbar für wichtig genug erachtet haben, dem österreichischen Dichter einen eigenen Beitrag zu widmen.

Der durchgehende Tenor über die Grenzen hinweg und unabhängig von der sonstigen Ausrichtung der jeweiligen Zeitung ist äußerst positiv. Dies erklärt sich zum einen natürlich aus der besonderen Textsorte des Geburtstags- oder Gedenkartikels. Dezidierte Kritiker werden zu einem solchen Anlaß in aller Regel nicht eingeladen. Auffallend aber, und für den interessierten Laien, an den sich die Autorinnen und Autoren dieser Beiträge in erster Linie wenden, zum Teil wohl auch unerwartet, ist die weitgehend übereinstimmende Einschätzung Grillparzers: nicht bloß als bedeutenden "Klassiker" der österreichischen Literaturgeschichte, sondern als frühen Vertreter der *modernen* deutschsprachigen Literatur überhaupt.

Begründet wird das zum einen mit den für seine Zeit überraschenden "psychologischen Einsichten" (Borchmeyer) Grillparzers, insbesondere mit der "genaue[n] Kenntnis der weiblichen Psyche" (Bachmaier) und seinem Verständnis für die Geschlechterproblematik, woraus die differenzierte Zeichnung seiner Charaktere resultiere. Ein weiteres Argument für seine Modernität, das zudem die Distanz Grillparzers zur deutschen Klassik deutlich machen soll, stützt sich auf das antiidealistische Geschichtsverständnis des Dichters und seine Einsicht, daß der Geschichtsverlauf vom Menschen nicht mehr lenkbar ist. Nicht zuletzt diese Überzeugung und seine grundsätzliche Skepsis gegenüber der Macht waren es, die Grillparzer schließlich 1848 daran hinderten, die Aufständischen in ihrem Kampf gegen das auch von ihm gehaßte Metternichsche System zu unterstützen. Aber während diese Haltung lange, je nach ideologischem Standpunkt des Interpreten, entweder als Bekenntnis zur Politik Habsburgs oder schlicht als opportunistisch gedeutet wurde, neigt man heute eher dazu, unterstützt durch die genauere Einsicht in die Tagebücher, in Grillparzer geradezu einen "politischen Seher" zu erblicken, zumindest aber einen "politische[n] Schriftsteller von hohen Graden" (Borchmeyer). Und schließlich werden auch die vielfach bezeugte persönliche Zerrissenheit des Dichters und seine mit den Jahren zunehmende Unfähigkeit, Entscheidungen zu treffen, als Ausdruck dieses modernen Bewußtseins gewertet.

Interessanter noch als solche Einschätzungen, weil sie sich im wesentlichen decken mit denen der jüngeren germanistischen Forschung, waren für uns die Versuche eines Teils der Autorinnen und Autoren, Antworten auf die gleichwohl nicht zu übersehenden Rezeptionsschwierigkeiten zu finden, denen Grillparzer und sein Werk nach wie vor begegnen:

> Seit mehr als hundert Jahren diese allmählich beängstigenden Aufrufe: Man sollte, man müßte doch, weshalb spielen die Theater ihn nicht, wieso wollen die Leute nichts wissen von Grillparzer [...]. Herrgott, Fixlmüllner, sag doch was. (Michaelis)

Oder präziser gefragt: Woran liegt es, daß

> uns sein dramatischer Stil, seine Diktion, seine Thematik [nie] so angesprochen [haben], wie es bei Goethe, Schiller, Kleist und Büchner der Fall ist – von Shakespeare ganz zu schweigen? (Fülleborn)

Die Artikel lassen zwei Erklärungsversuche erkennen.

Der eine, der in der Regel sehr direkt angesprochen wird, zielt auf die Form der Dramen, vor allem auf ihre Sprache. Dabei wird von diesen Kritikerinnen und Kritikern die moderne Thematik nicht geleugnet, allerdings zugleich auch eingeschränkt: "Wider Willen modern": "sein ganzes Werk ist von der Anstrengung geprägt, seine Modernität in prämoderne Formen zu zwingen und aufzulösen" (Borchmeyer). Vornehmlich hier seien die Gründe zu suchen für das häufig "Sperrige, Spröde seiner Sprache", für das "Konventionelle" (Gamper), dafür, daß vieles "zu feierlich und zu banal" (Hrachovec) klingt und wirkt.

Urteile in diese Richtung machen die gleichen Ängste vor Auflösung und Chaos, die Grillparzer auch politisch daran gehindert haben, trotz aller erfahrenen Schikanen den einen Schritt weiter zu gehen, auch in ästhetischer Hinsicht dafür verantwortlich, daß der Dichter aus Überzeugung einem "restaurativen Klassizismus" das Wort redete, der einer breiteren Akzeptanz heute hinderlich ist.

Der zweite Erklärungskomplex, vermutlich der entscheidendere, ist weniger explizit und deshalb schwerer zu fassen. Gemeint ist die bereits angesprochene, vor allem auf österreichischer Seite immer wieder zu beobachtende Stilisierung des Dichters zum "homo austriacus", zu *dem* Repräsentanten österreichischen Wesens und Dichtens ("Was österreichisches Wesen betrifft, so ist Grillparzer der am sinnfälligsten zitierbare Dichter"; Grillparzer: "Vater einer uröstereichischen Dichtkunst"; Wagner) und seine erst jetzt im Gedenkjahr neuerliche öffentliche Proklamation zum "Staats"- und "Nationaldichter".

Dieser politisch-nationale Aspekt begleitet, besser belastet, die Rezeptionsgeschichte Grillparzers bereits seit seinem Tode und hat, auch das wird von einigen Beiträgern durchaus gesehen, seine Wirkung bis heute behindert:

> Im rastlosen Bestreben, aus Grillparzer einen österreichischen Nationaldichter zu machen, der sich von der Konkurrenz aus Weimar abhebt, hat man den Blick auf sein Werk verstellt. (Kaindlstorfer)

Oder, noch deutlicher, kritischer gesagt:

> Die Lächerlichkeit des Nationalstolzes hat sich auf die Reputation des Nationaldichters geschlagen. (Hrachovec)

Beweisen wird man es freilich nur schwer können, aber sehr vieles spricht für diese Behauptung: Die vereinfachende Gleichsetzung, inzwischen teilweise ebenso von deutschen Kritikerinnen und Kritikern übernommen, die das Besondere und Unverwechselbare der Person und des Werks Grillparzers auch dort noch, wo man beiden kritisch gegenüber steht, vornehmlich aus seiner österreichischen Identität zu erklären versucht, haben seiner Akzeptanz im Ausland vermutlich in erster Linie geschadet. Ganz abgesehen davon, daß eine solche Charakterisierung weder dem Menschen noch dem Dichter gerecht zu werden vermag und generell "die Gefahr kakanischer Tautologien" in sich birgt, nämlich "Österreichisches vorwiegend durch Austriaca"[2] zu erklären, hat diese Art der Vereinnahmung auf Dauer dazu geführt, die Bedeutung Grillparzers zu regionalisieren, ja zu provinzialisieren und ihn in der deutschsprachigen Literaturgeschichte zu isolieren.

Auch Ulrich Fülleborn erklärt zunächst die "Fremdheit", die viele Deutsche bei Grillparzer empfinden, mit dem Hinweis auf seine Herkunft aus einer anderen, der österreichischen Kultur-Geschichte. Doch bleibt er im Gegensatz zu manchen der österreichischen Kritiker nicht dabei stehen, wenn er die Frage stellt:

> Der Dichter Sapphos, Medeas und der Hero, Kaiser Rudolfs II. und des Küchenjungen Leon, nicht zu vergessen: des armen Spielmanns, wäre kein Dichter der Deutschen?

In einem zweiten Schritt deutet er die vorhandenen "Barrieren" vielmehr mit der über die nationalen Unterschiede und Grenzen hinausgehenden grundsätzlichen Schwierigkeit, ja Unmöglichkeit, den Dichter wie und wo auch immer einzuordnen; gerade darin sieht er seine keineswegs vordergründig verstandene, noch zu wenig erkannte Aktualität und "seine weit über Österreich hinausreichende Bedeutung".

Umso befremdender der Beitrag von Günther Nenning, in dem man sozusagen der entgegengesetzten Haltung begegnet. Aus einem gleichsam "defensiven Nationalismus" (Kreisky) heraus instrumentalisiert er

---

2 Klaus Jeziorkowski: Heinz Politzer/Grillparzer [Rezension]. In: NR, 83. Jg. (1972), H. 3, S. 570-573, Hier S. 573

den Dichter zu einer Art Schild gegenüber allem Deutschen, um ihn gleichzeitig zum "Heros" einer ausdrücklich als reaktionär verstandenen Postmoderne österreichischer Provenienz auszurufen – so natürlich in seinem Beitrag für das österreichische Magazin "profil", nicht in der "Süddeutschen Zeitung".

Aber wie steht es tatsächlich mit dem Ansehen Grillparzers im eigenen Land, wie präsent ist er, wie geschätzt ist er in Österreich?

Kein Zweifel: Verglichen mit den Nachbarländern Deutschland und der Schweiz ist der Dichter "daheim" deutlich bekannter. Die relativ breite, gerade auch öffentliche Resonanz auf seinen 200. Geburtstag, auf die eingangs bereits hingewiesen wurde, hat dies erneut und in überzeugender Weise zum Ausdruck gebracht:

> [...] in Österreich führt ihn jedes Schulkind irgendwann einmal im Munde und austriazistisches Selbstbewußtsein läßt sich im Namen Grillparzers allemal glanzvoll zur Schau stellen. (Melzer)

Kann man aber daraus schließen, daß das Verhältnis zu dem Dichter in Österreich auch einfacher ist? Man ist geneigt zu antworten: im Gegenteil. In gewisser Weise hatte es Grillparzer in Österreich doppelt schwer, und zwar im wörtlichen Sinne. Einer der Gründe ist wohl vor allem in der ideologischen Funktionalisierung und "patriotischen Umfunktionierung" (Reimertz) des Werkes zu sehen, in der ausdrücklichen Inanspruchnahme des Dichters durch eine konservative Kulturpolitik zum Zweck der Herausbildung einer neuen nationalen Identität nach dem Zweiten Weltkrieg. Der zweite Grund ist in dialektischer Weise mit diesem verbunden, insofern als die staatlichen und halbstaatlichen "Lobhudler" (Pfoser) Grillparzers auf der anderen Seite den Widerspruch und auch die Ablehnung vor allem einer jüngeren Generation geradezu provoziert und damit eine wirkliche Auseinandersetzung mit dem Werk lange Zeit unmöglich gemacht haben.

> Als man sich in den siebziger Jahren endlich auch in Österreich daran machte, Kultur und Gesellschaft zu modernisieren [...] mußte das Klassikergespenst verschwinden.
> Grillparzer verschwand lautlos. In den Theatern wurden keine Stücke mehr aufgeführt, die germanistischen Institute

> sattelten auf die österreichische Moderne um, der Grillparzer-Preis wurde nach 1972 einfach nicht mehr vergeben.[3]

Und daran hat sich, trotz der Wiedervergabe des Preises seit 1991 durch die Hamburger Stiftung F.V.S. bis heute wenig geändert. Von der Germanistik war bereits die Rede, und auch die Statistiken der österreichischen Bühnen verzeichnen mit Ausnahme des Gedenkjahres rückläufige, bestenfalls stagnierende Zahlen.

Wenn gesagt wurde, daß Grillparzer es in Österreich doppelt schwer gehabt habe, dann deshalb, weil er in zweifacher Weise, von "links" *und* von "rechts", um die alten Etikettierungen noch einmal zu gebrauchen, verkannt wurde. Ist es das, was Franz Kaindlstorfer meint, wenn es in seinem Beitrag heißt: "Und doch ist Franz Grillparzer allzu tief in der österreichischen Misere verwurzelt"?

Die Aussichten, daß sich an dieser Situation in absehbarer Zeit etwas ändert, sind angesichts der öffentlichen Erklärungen des letzten Jahres nicht sehr groß. Obwohl es vermutlich vor allem darauf ankäme: auf die Befreiung des Dichters aus seiner nationalen Umklammerung, denn "die Frage nach der (nicht nur) literarischen Bedeutung Grillparzers läßt sich nicht länger [allein] im österreichischen Kontext behandeln."[4] Oder, wie Klaus Jeziorkowski anläßlich seiner Besprechung der Untersuchung von Heinz Politzer schon 1972 schreibt:

> [...] man ertappt sich zuweilen bei dem Gedanken, daß ein aus Flensburger oder Berliner Perspektive dargestellter Grillparzer auch seine Vorzüge haben könnte.[5]

Die Hoffnung, daß es, wenn auch möglicherweise sehr langsam, in der Zukunft vielleicht doch gelingt, eine größere Öffentlichkeit für Grillparzer zu gewinnen, stützt sich jedenfalls auf solche Regisseure wie Thomas Langhoff. Seine Salzburger Inszenierung der "Jüdin von Toledo" könnte ein erster Schritt in diese Richtung gewesen sein.

---

3 Gerhard Scheit: Grillparzer und ein Ende? Konstruktion und Demontage eines Klassikers. In: Lettre international, III. Vj. 1991, H. 14, S. 93

4 Wolfgang Müller-Funk: Ein vergessenes Denkmal? Eine Grillparzer-Diskussion bei den "Wiener Vorlesungen" In: NZZ, 30. 1. 1992 (Fernausgabe)

5 Klaus Jeziorkowski (vgl. Anm. 2), S. 573

Die Auswahl der hier veröffentlichten Beiträge – ebenso wie die Bibliographie im Anhang – basiert auf den vom "Innsbrucker Zeitungsarchiv" ausgewerteten Zeitungen (siehe: "Ausgewertete Periodika"). Berücksichtigt wurden dabei, um einer besseren Vergleichbarkeit willen, nur "allgemeine", in der Regel ausdrücklich als Gedenkartikel gekennzeichnete Aufsätze. Ziel war es, ein möglichst breites, repräsentatives Bild der aktuellen Grillparzerdiskussion aus dem gesamten deutschen Sprachraum zu vermitteln, weshalb auch die "Qualität" der einzelnen Beiträge kein entscheidendes Kriterium für ihre Aufnahme oder Nichtaufnahme in diese Sammlung sein konnte. Wenn trotz dieser grundsätzlichen Richtlinien einige Zeitungen bzw. die in ihnen veröffentlichten Artikel nicht berücksichtigt wurden, dann waren hierfür andere Gründe ausschlaggebend: In einem Fall, dem der "Presse", bestand der Beitrag von Werner Welzig im wesentlichen aus einer Sammlung von Primärzitaten, in einem anderen Fall war trotz mehrfacher Urgenzen keine Abdruckerlaubnis zu erreichen. Einige Beiträge schienen den Herausgebern, jenseits aller engeren Qualitätskriterien, derart nichtssagend, daß auf einen Wiederabdruck nur um des Prinzips willen verzichtet wurde. In den Fällen, wo mehrere Aufsätze in verschiedenen Zeitungen von einer Autorin oder einem Autor vorlagen, haben wir uns, um Wiederholungen zu vermeiden, für den Abdruck des unserer Meinung nach interessanteren entschieden.

Die Beiträge wurden ungekürzt und unbearbeitet übernommen. Das gilt auch für die einigen Aufsätzen vorangestellten Blöcke. Obwohl es sich hierbei zum Teil vermutlich lediglich um redaktionelle Einführungen handelt, war dies im Einzelfall doch nicht immer mit Sicherheit zu entscheiden. – Offensichtliche Irrtümer und Druckfehler wurden stillschweigend ausgebessert.

Helmut Bachmaier

DAS GLÜCK WAR IMMER DA, WO ER NICHT WAR

Immer noch ein Außenseiter: Franz Grillparzer, selbsternannter Nachfolger Goethes, wird 200

Eigenbrötler
Der österreichische Schriftsteller Franz Grillparzer wurde am 15. Januar vor zweihundert Jahren geboren. Fernsehen und Theater feiern das Jubiläum ausgiebig (demnächst bringt das Burgtheater Wien seinen "König Ottokar"), aber dennoch gehört der eigenbrötlerische Dramatiker und Lyriker, der in der Tradition Josephinischer Aufklärung schrieb, nach wie vor zu den Außenseitern.

Der österreichische Schriftsteller Franz Grillparzer (1791-1872) gilt als Inbegriff eines schwierigen Charakters. Seine Biographie liest sich wie eine Sammlung neurotischer Fälle. Er war ein Hypochonder, der seinem Körper und allen möglichen – tatsächlichen oder nur eingebildeten – Krankheiten größte Aufmerksamkeit schenkte. Als ein Zerrissener rang er mit den gegensätzlichsten Neigungen, und er litt unter der Spannung, gleichzeitig Unvereinbares zu begehren. Unstetigkeit, Lethargie, Grübeln, Lebensüberdruß, Erstarrung: dies sind die Signaturen seiner instabilen psychischen Verfassung.

So klagte er 1820 in seinem Tagebuch über den "ewigen Wechsel der Empfindungen", den er durch sein reizbares Wesen verursacht sieht, und in der "Selbstbiographie" (1853) spricht er von den Widersprüchen und dem "Fließenden", das ihn ausmache: "In mir nämlich leben zwei völlig abgesonderte Wesen. Ein Dichter von der übergreifendsten, ja sich überstürzenden Phantasie und ein Verstandesmensch der kältesten und zähesten Art." Der Grund für diese Eigenschaften dürfte in einer mißglückten Ablösung von der Mutter, mit der er symbiotisch verbunden war, liegen. Dadurch wurden die Ausbildung sicherer Körpergrenzen und mithin eine stabile Identität verhindert. Ihn quälten Überflutungsängste, ozeanische Gefühle, die Angst vor einem "zerstörenden Verstäuben ins Unermeßliche", wie er 1819 seinem Tagebuch anvertraute.

Grillparzer war unfähig, eine menschliche Beziehung dauerhaft zu gestalten. Als Dreißigjähriger hatte er sich verlobt, und als er seine "ewige Braut" Katharina Fröhlich an seinem 80. Geburtstag heiraten wollte, lehnte diese nach Jahrzehnten des Wartens ab.

Ähnlich wie Franz Kafka, der in Grillparzer einen "Blutsverwandten" sah (so Kafka in dem Brief vom 2. 11. 1913 an Felice Bauer), suchte auch Grillparzer die Nähe anderer Menschen, wich dann aber den Begegnungen aus oder wandte sich plötzlich brüsk ab. Exemplarisch dafür steht seine Begegnung mit Goethe 1826 in Weimar. Der greise Dichterfürst hatte Grillparzer zu einem Gespräch unter vier Augen eingeladen – und Grillparzer ergriff regelrecht die Flucht.

Seine überstürzte Abreise hat er sich später nie verziehen, fühlte er sich doch als Goethes legitimer Nachfolger in der deutschen Literatur. In seiner "Selbstbiographie" nimmt bezeichnenderweise der Besuch in Weimar den größten Raum ein: er bildet das Zentrum dieses autobiographischen Berichts. Grillparzer vermerkte noch im Tagebuch: "Einer meiner Hauptfehler ist, daß ich nicht den Mut habe, meine Individualität durchzusetzen." Er sah offensichtlich das Glück immer dort, wo er gerade nicht war. Zusehends verwandelte er sich mit den Jahren in einen Hagestolz und Misanthropen, der enttäuscht und resigniert die Menschen mied. Lediglich die Musik war ihm als ein unverzichtbares Bedürfnis geblieben.

Grillparzer stammte aus einer Familie, in der pathologische "Karrieren" nichts Außergewöhnliches waren: Seine Mutter und ein Bruder wählten den Freitod, ein anderer Bruder wurde zu einem psychiatrischen Fall. Am 15. Januar 1791 in Wien geboren, studierte er Jura und brachte sich nach erfolgreich abgeschlossenem Studium als Hofmeister, Bibliothekar und Beamter der Finanzverwaltung durch. Die "Campovaccino-Affäre" 1820 (in der Ruinenelegie "Campo vaccino", vergleichbar Schillers "Die Götter Griechenlands", hatte er die heidnische Antike kulturell über das Christentum gestellt) hatte für ihn massive Folgen: Bei Bewerbungen um ein Amt und bei Beförderungen wurde er wiederholt übergangen. Schikanen der Zensur sowie Eingriffe von oben in seine bürgerliche Existenz als k.u.k. Hofbeamter (zwischen 1832 und 1856 war er Direktor des Hofkammerarchivs, eine Art Abstellgleis für den berühmten, aber mißliebigen Dichter) strapazierten seinen ohnehin labilen körperlichen und psychischen Zustand. Diese Zurücksetzungen kompensierte er durch eine universalhistorische Bildung, die aber seinen Leidensdruck keineswegs minderte.

Das Jahr 1838 wurde zur Zäsur in seiner Biographie: Nach dem Mißerfolg seines philosophischen Lustspiels "Weh dem, der lügt!" zog er sich völlig aus dem literarischen Leben zurück und schrieb nur noch für die

Schublade. Erst in seinen letzten Lebensjahren erfuhr er öffentliche Ehrungen, "zu spät", wie er empfand. Am 21. Januar 1872 ist er in Wien gestorben.

Grillparzer ist nicht nur als Dichter eine "repräsentative Figur" (Hofmannsthal), sondern auch als Bürger und Beamter in der Restaurationsepoche, der den willkürlichen und einander widersprechenden Anforderungen der Bürokratie des Metternich-Systems ausgesetzt war. Seine Beamtenpflichten zogen ihn von seinem Kunstinteresse ab, die Zensur erstickte seine poetische Produktionskraft (wie er selbst feststellte), und ökonomische Sorgen in z.T. unbesoldeten Ämtern ließen ihn nur für kurze Zeit an ruhige literarische Tätigkeit denken.

Vom "Demokraten" zum "Reaktionär"

Auf das Kaiserhaus war der Monarchist Grillparzer selten gut zu sprechen, weil die Herrschenden sich nur in Ausnahmefällen als die Berufenen erwiesen. In dem satirischen Gedicht "Alpenszene" (1838) kommentierte er die Habsburger Genealogie:

Hoch auf den höchsten Höhen
Gedeiht am besten das Rindvieh,
Da wohnen die seligen Trotteln,
Dem Himmel etwa am nächsten,
Doch freilich am fernsten der Erde - (...)
So leben sie friedliche Tage,
Erzeugen maulaffende Kinder,
Der Vater erneut sich im Sohne,
Und ruhig auf Trottel den Ersten,
Wie Butter, folgt Trottel der Zweite.

Und für den Staatskanzler Metternich verfaßte Grillparzer folgende "Grabinschrift":

Der Falsch und Wahr nach seinem Sinne bog,
Zuerst die andern, dann sich selbst belog,
Vom Schelm zum Toren ward bei grauem Haupte,
Weil er zuletzt die eignen Lügen glaubte.

Die Ereignisse des Jahres 1848, das Ende der Metternich-Ära und die Durchsetzung der bürgerlichen Freiheitsrechte, hatte er zunächst lebhaft

begrüßt. Grillparzer befürchtete jedoch, daß der Freiheitstaumel dem Nationalismus und schließlich dem Separatismus Vorschub leisten würde und daß dadurch der Habsburgische Vielvölkerstaat auseinanderbrechen könnte. Er dachte sich die Monarchie im Bilde eines festumrissenen Staatskörpers, der durch die revolutionären und nationalen Umtriebe zerstückelt und aufgelöst wird. Deshalb forderte er in dem berühmt-berüchtigten Gedicht auf "Feldmarschall Radetzky" ("In deinem Lager ist Österreich") den Einsatz der Armee zur Wiederherstellung der alten Ordnung. So war aus dem "Demokraten" Grillparzer für die damalige Öffentlichkeit der "Reaktionär" Grillparzer geworden.

Besser gerecht wird man ihm, wenn man sich an das Epigramm von 1848 hält, in dem er seine Befürchtungen pointiert formuliert hat:

> Der Weg der neuern Bildung geht
> Von Humanität
> Durch Nationalität
> Zur Bestialität.

Gegenwärtige Auflösungserscheinungen in Osteuropa und die daraus resultierenden chaotischen Zustände sowie das neuerliche Aufflammen des Nationalismus lassen Grillparzers Positionen heutzutage vielleicht besser verstehen.

Als Anhänger der Josephinischen Aufklärung verfocht er das Prinzip der Reformen "von oben". Danach sollte der Kaiser die Besonderheiten der Nationen im Vielvölkerstaat berücksichtigen, ihre Interessen nicht mehr – wie bisher – ignorieren. Grillparzer hatte große Sympathien für die panslawistische Bewegung, doch lehnte er die Abspaltung einer Völkerschaft und ihre eigene Staatlichkeit strikt ab. Vielmehr sollte die Donaumonarchie den staatlichen Rahmen für die Entfaltung nationaler Belange bilden: Österreich als mitteleuropäischer, "multikultureller" Staat. Auch die gesellschaftliche und ökonomische Entwicklung aller Landesteile sollte von oben gefördert werden, was jedoch bei dem damaligen Kaiser Franz I. auf taube Ohren stieß. Gegen diese Starrheit in den Köpfen und gegen die allgemeine Erstarrung des Staatsganzen schrieb Grillparzer leidenschaftlich, auch dazu war er fähig, aber vergeblich an.

Joseph Roth bemerkte dazu in seinem Grillparzer-Essay von 1937: "Er [Grillparzer] revoltierte niemals, er rebellierte immer, und zwar aus konservativer Neigung, als Bekenner hierarchischer Ordnung und als Verteidiger traditioneller Werte, die ihm nicht von unten, sondern, im Gegenteil, von oben her vernachlässigt, angegriffen, verletzt erschienen (...):

der einzige konservative Revolutionär, den die Geschichte Österreichs kennt."

Es wäre jedoch einseitig und falsch, in Grillparzer nur den konservativen Dichter der Habsburger Ordnung sehen zu wollen. Denn in seinem Werk sind überkommene Welt- und Kunstauffassungen sowie ein modernes Bewußtsein auf vielfältige Weise ineinander verschlungen. Daraus werden die ungeheuren Spannungen und Kontraste in seinen Dichtungen verständlich, in denen neben einer prunkvollen Staatsdramatik die nuancierte Seelenanalyse, neben der Orientierung an der Tradition der energische Vorgriff auf moderne Bewußtseinslagen stehen. Es gibt kaum einen Dramatiker der deutschsprachigen Literatur, der eine ähnlich große Anzahl an Frauenrollen geschaffen hat (Sappho, Medea, Hero etc.) und solch eine genaue Kenntnis der weiblichen Psyche besessen hätte.

Grillparzers Werk ist in einen Verfallsprozeß, den Niedergang der Donaumonarchie, also in eine historische Umbruchssituation hineingestellt, die angesichts der Instabilität und des Verlustes traditioneller Orientierungen nach Vergewisserungen und nach neuen Standortbeschreibungen verlangte. Grillparzers Geschichtsdramen können als der Versuch einer solchen Vergewisserung gelesen werden. Seine Frauen- und Liebesdramen handeln größtenteils vom Selbstverlust aus Ich-Schwäche und von dem weiblichen Kampf um Selbstbehauptung und Selbstbewahrung, obgleich er den Anfängen der Frauenbewegung verständnislos gegenüberstand. Das Wichtigste aber war ihm, die Formen der klassischen Literatur in nachklassischer Zeit vor der Auflösung zu retten. Unzeitgemäß war er also auch in der Kunst: Der konservative Revolutionär Grillparzer vertrat ästhetisch einen restaurativen Klassizismus. Mit einigen seiner Texte, z.B. mit der Meistererzählung "Der arme Spielmann", eilte er aber auch der Literaturgeschichte voraus und stellte sich damit in die Reihe der modernen Erzähler.

Die Weltwoche, 20. 1. 1991

Ulf Birbaumer

"DER ALPTRAUM EIN LEBEN"

Franz Grillparzer

> Andere Völker haben ihre Nationaldichter. Wir haben Franz Grillparzer. Ein Jahrhundert lang hat ihn das offizielle Österreich kräftig eingestaubt. Und dem Leservolk gründlich ausgetrieben. Zu Unrecht. Denn Grillparzer, der Nörgler, der Zerrissene, der Grantscherm hat uns mehr zu bieten, als es zunächst ausschauen mag.

Der Regisseur Oskar Fritz Schuh, gewiß kein Revoluzzer, meinte einmal: "Es gibt Klassiker, die liegen einer Zeit nicht, man soll sie liegen lassen." Genau das ist Grillparzer lange Zeit widerfahren. Man ließ ihn großteils in den Schreibtischladen der Dramaturgen liegen (zu seinen Lebzeiten lag er wenigstens beim Zensor). Die Grillparzer-Festspiele in Forchtenstein verstanden es nicht, ihn zu neuem Bühnenleben zu erwecken und entschliefen letztlich selbst. Nur eine Jury tüftelte irgendwo im Ministerium herum, wem sie alljährlich den Grillparzer-Ring überreichen sollte: dem Schauspieler X, dem Regisseur Y? In der Verzweiflung spielte man in Forchtenstein Hauptmanns "Elga" (nach Grillparzers "Kloster von Sendomir"), bedachte man die Wissenschaft mit dem ehrenden Ring.

Grillparzer erfuhr das Schicksal des Repräsentativ-Klassikers: "Sappho" im Ronacher 1945, "König Ottokars Glück und Ende" 1955 im Burgtheater zu Österreichs kultureller Identitäts-Wiederfindung. Und Österreichs Schüler lernten brav den Ottokar, den von Horneck auswendig (wenn auch nicht by heart oder par coeur, wie Engländer und Franzosen emotioneller sagen): "Es ist ein gutes Land ..., wohl wert, daß sich ein Fürst sein unterwinde."

Wir unterwanden uns brav bis zur Matura (1958, Gott sei's geklagt) und kamen uns aufmüpfig vor, wenn wir uns an den Grilli-Parodien labten. "Der Weg der neuern Bildung geht von Humanität durch Nationalität zur Bestialität", das hatten wir nicht gelesen. Die Uni lehrte mich vorerst auch keinen vernünftigen Umgang mit unserem Nationaldichter. Da kam mir dann der boshafte Konrad Bayer gerade recht, um mit ihm nicht nur "Kalkvater Grillparzer", sondern auch seine "Musterschüler" der Nachkriegsliteratur ins unzeitgemäße Gartenhäuschen zu verbannen.

Erst das Theatralische rückte mir Grillparzer näher: die Beschäftigung mit der Altwiener Volkskomödie, mit den Gespenster-, Geister- und Feenmärchen, mit dem Lehr- und Besserungsstück auch, wie es Grillparzer im Leopoldstädter Theater gesehen hat. Und mit den Spaniern: mit Lope de Vega vielleicht noch vor Calderón. Da wurde "Libussa" spannend, "Die Jüdin von Toledo" aufregend, "Der Traum ein Leben" oder "Weh dem, der lügt!" bekamen neue Facetten.

Heinz Politzer schrieb über das abgründige Biedermeier und Conny Hannes Meyer "komponierte" (im ursprünglichen Sinn von "zusammensetzen") "Alptraum ein Leben", ein "play Grillparzer", eine poetische Montage aus seinen Texten, "zur Entstehung der österreichischen Resignation nebst einer satirischen Ehrung eines berühmten Bürgers für vorbildlich vorgelebte Resignation".

Plötzlich verstand ich einige der grillparzerischen österreichischen Seelen: den Alptraum von Kanzlei-Praktikanten (Adam Fixlmüllner), den Grantscherm, den gefühlsscheuen Liebenden, den Revoluzzer der Ludlamshöhle, den vor der Armee katzbuckelnden Radetzky-Apologeten, den seine vielen Vorurteile voll auskostenden Verfechter eines multikulturellen Vielvölkerstaats, der – heimwehgeplagt – "den Deutschen den verlängerten Rücken zuzukehren" (Günther Nenning in seiner Fortführung eines Hebbel-Zitats) für eine patriotische Pflicht hielt.

Nicht, daß ich den pedantischen Grantscherm jetzt auf einmal besonders mag, weil einige sich bemüßigt fühlen, seinen 200. Geburtstag zu feiern, nicht, daß ich bereit wäre, alle dialektischen Bocksprünge hin zum Postmodernen mitzuhupfen (seine Mocca-Bohnen waren wohl noch aus biologischem Anbau) – aber ich kann wieder etwas anfangen mit seiner Gespaltenheit, mit seinen Fluchtreisen und seinen Fluchtumzügen (19 mal in Wien die Wohnung zu wechseln, das ist schon was), mit seiner Resignation wie mit seiner Aggression gegen die Dummheit (von der Horváth später meinte, daß nichts so sehr das Gefühl der Unendlichkeit vermittle), gegen die "Schurken an der Macht", die nur durch die Dummheit der ehrlichen Leute so mächtig geworden sind. Da vergesse ich sogar, mich über die falsche Demut diesen Mächtigen gegenüber zu ärgern.

Gedenkjahre sind in der Regel etwas Schauderhaftes. Mozart weiß schon jetzt ein Lied davon zu singen. So arg wird es daher mit Grillparzer nicht werden: Und, Hand aufs Herz, hätte Thomas Langhoff ohne nahendes Grillparzer-Fest die "Jüdin" in Salzburg zu verdientem Leben erweckt? Und, was das wichtigste ist, wäre der kulturimperialistische Anschluß – den wir Österreicher immer so selbstmörderisch befördern – je so überdeutlich an die Wand gekleckst worden, wie durch des Erzhumanisten Toepfer 25.000 DM für Handke? Wenn der Preisträger noch einen Funken Kampfeslust in sich spürte, würde er ihn schon wegen der Mitwirkung Gertrud Fusseneggers in der Jury verweigern. "O Gott! Laß dich herbei und mach die Deutschen frei, daß endlich das Geschrei danach zu Ende sei."

Grillparzers Deutschland-Lied hat einen Haken: das Geschrei danach geht munter weiter.

Arbeiter Zeitung, 12. 1. 1991

Dieter Borchmeyer

WIDER WILLEN MODERN

Franz Grillparzer, der "Dichter der letzten Dinge"

Am 12. Januar 1821 vermerkt Lord Byron mitten in der Nacht in seinem Tagebuch, er habe soeben die italienische Übersetzung der Tragödie "Sappho" von Grillparzer gelesen, die ihn mit ihrem in die antike Welt projizierten modernen Künstlermythos offenkundig fasziniert. *"Grillparzer – a devil of a name, to be sure, for posterity; but they must learn to pronounce it." A devil of a name!* Grillparzer selber hätte Byron zugestimmt. Er haßte seinen Namen, diesen archaisch anmutenden, prächtig wallenden Daktylos, der mit seinen vier Liquiden in unseren Ohren doch so klangvoll tönt wie kaum ein anderer deutscher Dichtername – wenn er auch, *to be sure,* einem Angelsachsen schwer über die Zunge geht.

Dem Dichter selber kam sein Name so "häßlich" vor, wie er in seiner "Selbstbiographie" schreibt, "daß ich mich erst spät entschließen konnte, ihn meinen Stücken auf den Theaterzettel beisetzen zu lassen". Wie Goethe seinen Namen als mythisches Symbol einer ausgezeichneten Existenz hochhielt und es Herder sehr verübelte, als er sich einen parodistischen Spaß mit ihm erlaubte, so konnte Grillparzer seinen Namen nicht ertragen, wie und weil er sich selbst nicht ertragen konnte. Nirgends kommt das deutlicher zum Ausdruck als in der Schilderung seiner Weimarer Begegnung mit Goethe, in der er dessen "mythische Person" geringschätzig gegen sich selbst, den modern-zerrissenen Dichterschwächling, ausspielt. Von Goethe zu Tisch geführt, bricht er in Tränen aus; beim Essen zerbröselt er nervös sein Brot und bemerkt zu spät, daß Goethe heimlich alle Brosamen zu einer Pyramide zusammenschichtet. Eine Szene von solcher symbolischer Prägnanz, daß sie in einem Stück von Grillparzer vorkommen könnte.

Psychiater haben diagnostiziert, daß er an einer rezidivierenden Depression litt. Vom Standpunkt der alten Humoralpathologie aus wäre er das Musterbeispiel eines Melancholikers, des von der schwarzen Galle geprägten Saturnkindes, dem Jupiter im Laufe seines Lebens immer weniger Gnadenblicke spendete. Grillparzers Schwermut ist nicht zuletzt das Erbe seiner Eltern, zumal der Mutter, die 1819 Selbstmord beging. Zwei Jahre zuvor war bereits sein jüngster Bruder Adolf in die Donau gegangen.

Sein Bruder Karl, ein Jahr nach ihm geboren, war ein krankhaft menschenscheuer Abenteurer, der sich wiederholt in zweifelhafte Affären verwickelte. Nicht viel besser stand es um Karls Kinder, vor allem um seinen Sohn, der ausgerechnet den Vornamen des berühmten Onkels trug.

In diesem haltlosen, zur Kriminalität neigenden Neffen zeigte sich Grillparzer erschreckend der Unstern, der über seiner (von ihm aufopferungsvoll unterstützten) Familie waltete, einer Familie von wirklichen und potentiellen Selbstmördern, deren destruktive Anlagen er auf dem Grunde auch seiner Seele fürchtete. Wohl deshalb versuchte er nie ernsthaft, aus der Misere seiner oft so entwürdigenden Beamtenkarriere auszubrechen, die seinem Leben eine wenn auch reichlich prosaische Stabilität verlieh, in die nur seine Europareisen Farbe und Abwechslung brachten. Von einer ungebundenen Existenz, befreit von den erbärmlichen Heimsuchungen des zum Polizei-Philisterium verkommenden Österreich – der "Fronfeste der Seelen", wie er sein Vaterland 1830 nennt –, hielt ihn die Angst vor dem Dämon in seinem Innern ab, den er gewissermaßen unter Akten vergrub.

Kaum je dürfte es einen Schriftsteller gegeben haben, dessen Selbstdarstellung derart von Selbsthaß, von einer bis an den Rand der Selbstvernichtung gehenden Selbstkritik geprägt ist. Seine Tagebücher, die er seit 1808 über sechzig Jahre hinweg geschrieben hat, sind – neben der Fülle von philosophischen, ästhetischen, zivilisations- und kulturgeschichtlichen Betrachtungen höchsten Ranges – das bestürzende Zeugnis einer gnadenlosen Selbstbeobachtung, deren psychologische Hellsichtigkeit weit über seine Zeit hinausweist. Er brauchte offenbar das Ventil des Tagebuchs, um seine Dichtung von dem Gift analysierender Selbstquälerei freizuhalten.

Die Art, wie er seine Depressionen, Gedankenflucht, Träume, Depersonalisationszustände, das Fremdwerden des eigenen Leibes beschreibt, führt ihn fast schon über die Schwelle unseres Jahrhunderts. Bezeichnenderweise sah Franz Kafka in ihm einen Geistesverwandten; in seinen Tagebüchern beruft er sich wiederholt auf das Dreigestirn Flaubert, Kierkegaard und Grillparzer, deren Spuren seine eigene Existenz zu folgen scheint, wenn er auch dagegen aufbegehrt. Mit Grillparzer verbinden ihn die Aufspaltung des Lebens in die Schriftstellerei und eine prosaische Beamten- oder Angestelltenexistenz sowie das komplizierte, bindungsscheue Verhältnis zu Frauen in besonderem Maße.

Grillparzer war keineswegs der Hagestolz, den man vom Bilde seines Alters her in ihm zu sehen gewöhnt ist. Nach dem Tode der Mutter verwickelte er sich – fast gleichzeitig – in verschiedene Liebesverhältnisse, die seine Lebensdisziplin zu ruinieren drohten. Da war die beinahe von sexueller Verfallenheit geprägte Beziehung zu der hinreißend schönen

Marie von Smolenitz – dem Lebensvorbild der Rachel in der "Jüdin von Toldeo" –, da war die Verbindung mit Katty Fröhlich, der "ewigen Braut", die Grillparzer aus "ästhetischem, künstlerischem Wohlgefallen an des Mädchens Reinheit" zu einer körperlichem Begehren entrückten Liebesikone modellierte, mit solcher Suggestivkraft, daß die in unerfüllter Passion Umschmachtete und Verschmachtende ihr eigenes Begehren dem ästhetischen Virginitätsideal des Dichters opferte.

Da war schließlich Charlotte, die Frau seines Freundes und Vetters Ferdinand von Paumgartten, der die Liebe zu ihm 1827 buchstäblich das Herz brach. "Ich möchte lieber nicht leben als der Verursacher eines solchen Zustandes sein", führte sie auf dem Sterbebett dem Dichter anklagend vor Augen. Auch ein junges Mädchen namens Marie von Piquot siechte, wie aus ihrem Testament hervorging, an einer ihre Lebensenergie verzehrenden Liebe zu Grillparzer dahin. Diese Erfahrungen bestärkten ihn in seinem tiefen Zweifel an sich selber.

Man hat sich oft darüber gewundert, daß ein in seinen psychologischen Einsichten so hochmoderner Autor, der mit seiner Erzählung "Der arme Spielmann" eines der Meisterstücke psychologisch-realistischer Novellistik im 19. Jahrhundert geschrieben hat, in seiner dramatischen Dichtung die Form des klassischen Blankversdramas beibehalten hat. Grillparzer war ein Moderner wider Willen. Sein ganzes Werk ist von der Anstrengung geprägt, seine Modernität in prämoderne Formen zu zwingen und aufzulösen. Die an sich selber beobachtete analytische Kälte etwa, das Stigma des modernen Künstlers, sah er als Feindin der künstlerischen Inspiration an. Er, der über ein philosophisches Instrumentarium und ein Kulturwissen wie kaum ein Schriftsteller seiner Zeit verfügte, dessen scharfsinnige ästhetische Aufzeichnungen schon von Nietzsche, gleich nach ihrem posthumen Erscheinen, mit Bewunderung studiert wurden ("Er ist fast immer einer der unserigen", schreibt Nietzsche 1872 an Erwin Rohde) – ausgerechnet er wollte kein Bildungsdichter, sondern ein Bühnenautor von der naiven Theaterkraft seines vergötterten Lieblingsdichters Lope de Vega sein.

Grillparzer schrieb nicht für ein "unsichtbares Theater" oder für eines, "welches da kommen soll", wie Goethe es Kleist vorgeworfen hat, sondern für die Bretter, so biegsam und so morsch sie nun einmal waren; wie kaum ein anderer der großen deutschen Dramatiker war er seit seinem zwar schlechtesten, aber erfolgreichsten Trauerspiel "Die Ahnfrau" (1817) ein durch und durch bühnenbezogener Autor. "Hierin freilich kommt ihm zugute, daß er ein Wiener war", schreibt Hofmannsthal in seiner "Rede auf Grillparzer" anläßlich des fünfzigsten Todestages (1922); "immer hatte er eine lebendige Bühne vor sich, wo alles, vom Tragisch-Höchsten bis zum

Platt-Gewöhnlichen, zum sinnfälligen Bild sich formte, alles in der Gebärde des Schauspielers zusammenlief. Ihm war Theater ein mit allen Sinnen zu fassendes Schauspiel, nicht ein geträumtes Gedicht, noch ein gelesenes Buch." Das gilt selbst dann, als Grillparzer sich nach dem Theaterskandal um sein Lustspiel "Weh dem, der lügt" (1838) für immer von der Bühne zurückzieht. Wenn er auch seine späten Dramen - "Libussa", "Ein Bruderzwist in Habsburg" und "Die Jüdin von Toledo" -, die mit ihren dunkelvisionären Zügen und im subtilen Faltenwurf ihres spätzeitlichen Trauergewands ("Ich bin ein Dichter der letzten Dinge") auf der europäischen Bühne der Jahrhundertmitte schlechterdings einzigartig dagestanden hätten, für die Schublade schreibt, gar testamentarisch ihre Vernichtung anordnet - diese Schublade ist und bleibt insgeheim das Burgtheater.

Die Bühne, für die Grillparzer seine Stücke dachte, war jedoch im zweiten Drittel des 19. Jahrhunderts für Innovationen kaum reif. Die Gattung des Dramas befand sich - das gilt für alle europäischen Literaturen - in einer tiefen Krise, so daß Richard Wagner die These aufstellen konnte, das gesprochene Drama sei tot und werde notwendig durch das musikalische Drama abgelöst. In dieser Situation waren sich die beiden Antipoden Grillparzer und Hebbel, die unzweifelhaft bedeutendsten europäischen Schauspieldichter ihrer Zeit, bei allen Gegensätzen ihrer philosophischen und ästhetischen Maximen einig in der Überzeugung von der notwendigen Traditionsgebundenheit der dramatischen Form.

"Alt sind die Formen", hat Hebbel apodiktisch festgestellt. Sich ein neues Drama nach Maßgabe des subjektiven Talents zu bilden, wäre ihm wie Grillparzer als Frevel an der Gattung erschienen. Vom "Kunstwerk der Zukunft" wollten sie nichts wissen. Richard Wagner war ihnen gleichermaßen ästhetisch suspekt. Gleichwohl sind die tradierten Formen bei ihnen oft bis zum Zerreißen durch die Modernität ihrer Problemstellungen gespannt. Niemand hat das genauer erkannt als Thomas Mann in seiner "Huldigung für Grillparzer" (1922). Auf ihn wirkte "das bei allem Zauber des Verses leicht museale Kleid des Jambendramas beinahe wie Ironie". Der Zwiespalt zwischen Form und Geist ist für Thomas Mann geradezu die Signatur der Grillparzerschen Dichtung, ja, er hält es für möglich, daß die tradierte Form "Maske und Mystifikation, sublime Irreführung über Geist und Wesen durch die Ausdrucksmittel ist".

Überdies ist die Verssprache für Grillparzer längst nicht mehr das autonome Medium, das sie bei Goethe und Schiller war. Nicht selten wird sie zur bloßen Fassung des Schweigens. "Franz Grillparzer - schweigender Dichter", hat er 1868 einen Brief an Auguste von Litrow-Bischoff, seinen "weiblichen Ekkermann" (Marie von Ebner-Eschenbach), unterzeichnet. Gewiß spielt er damit auf sein Verstummen für die Öffentlichkeit seit dem

Theaterskandal von 1838 an. Aber ein schweigender Dichter ist er auch in seinen dramatischen Dichtungen. Ständig wird hier die Sprache von mimisch-gestischen Ausdruckskräften determiniert und unterminiert, die eine zweite, ja oft die eigentliche Sprache bilden – eine Zeichenwelt unterschwelligen, unbekannten Wissens.

Wilhelm von Humboldt hat die Deutschen im Blick auf ihre Schauspielkunst einmal als "gebärdenlose Nation" bezeichnet. Der so beschaffenen Nation gehörte Grillparzer nicht an. Sein Theater ist schlechthin ein Theater der Gebärde. Ein hochdifferenziertes Symbolsystem von Gesten, das Sichenthüllen und Verhüllen, das Annehmen, Abgeben, Entwenden oder Zuwenden symbolischer Requisiten, das Verlassen und Betreten tabuisierter oder bedeutungsschwangerer Bezirke – diese und andere Signale "sagen" bei Grillparzer oft mehr als die Worte des Dialogs. Sein Theater ist ein Theater von innen, in dem mit symbolischen Tentakeln psychische Vorgänge erspürt werden, wie sie bisher kaum ans Licht der Bühne gelangten.

Was Thomas Mann als die große Innovation von Wagners Musikdrama rühmt, die Vereinigung von "Psychologie und Mythos", deren Kontradiktion durch Freud endgültig überwunden sei, sie ist längst vor Wagner schon die große Leistung Grillparzers gewesen, zumal in seiner Trilogie "Das goldene Vließ" (1821), die nicht zufällig mit Wagners "Ring"-Tetralogie auch das Thema gemeinsam hat: das Verhängnis der verdinglichten Macht, deren entfremdende, alles Menschliche korrumpierende Wirkungen sich in einem Hybrid von seinem angestammten mythischen Ort entfernten – und am Ende, nach allem Unheil, zu ihm zurückkehrenden – Requisit symbolisch manifestieren. "Das goldene Vließ" ist zugleich das erste Ehedrama der deutschen Literatur, wobei nicht zu verkennen ist, wie stark die Sympathie des Autors der Frau – Medea – gilt und wie sehr er den einstigen Helden Jason in Jämmerlichkeit versinken läßt.

Bemerkenswert sind überhaupt Grillparzers tiefe Einsichten in die weibliche Psyche, seine Kritik an den Klischees des männlichen Frauenbildes und der unverhohlene Antipatriarchalismus seiner Stücke, von "Sappho", der Tragödie der Dichterin, über die fast nihilistisch endende Liebestragödie "Des Meeres und der Liebe Wellen" bis hin zu "Libussa", der Tragödie der Seherin – deren Versuch einer liebeskommunistischen Gesellschaftsordnung schließlich dem patriarchalisch bestimmten Staat unterliegt. Bezeichnenderweise hat dieser Autor gerade immer wieder bedeutende emanzipierte Frauen fasziniert: von Marie von Ebner-Eschenbach über Rosa Luxemburg, die ihn in gewisser Hinsicht sogar über Shakespeare stellte, bis hin zu feministischen Literaturwissenschaftlerinnen in den Vereinigten Staaten, welche ihn gegenwärtig zu entdecken beginnen. "Die Ähnlichkeit, die ich mit Christus habe: / Die Weiber kommen zu meinem Grabe", spöttelte der alte Grillparzer.

Man hat sich oft gefragt, wie es möglich war, daß der gleiche Autor die vermeintlich so affirmativen Staatsdramen "König Ottokars Glück und Ende" und "Ein treuer Diener seines Herrn" schreiben konnte, die den "habsburgischen Mythos" (Claudio Magris) mitbegründet haben, ohne daß ihm die Repräsentanten des Staates, dem er diesen Mythos zudichtete, dafür Dank wußten. Franz I., der Philister auf dem Kaiserthron, und sein despotischer Beamtenapparat machten Grillparzer gerade wegen dieser Stücke das Leben schwer, denn die Politik hatte den Bürger nichts anzugehen. So wollte dieser Staat auch, "stolz auf seinen plumpen Polizeiknüppel gelehnt, gar nicht dichterisch verherrlicht sein" und sah in dem poetischen Ausdruck der Loyalität "schon den Anfang einer heimlichen Rebellion", schreibt Franz Mehring, der Altmeister der marxistischen Literatursoziologie, über den Mißerfolg der habsburgischen Dramen Grillparzers bei der Obrigkeit. Der Dichter selber war sich über den Widerspruch zwischen seinem Staatsideal, das man als josephinisch-aufklärerisch mit einem traditionalistisch-religiösen Untergrund bezeichnen kann, und der Misere des vormärzlichen Österreich völlig im Klaren.

Als 1839 Metternich schwer erkrankt und man jeden Tag mit seinem Ableben rechnet, schreibt Grillparzer bereits einen Nachruf auf den "Don Quijote der Legitimität", der ein unerbittliches Gericht über sein staatsmännisches Wirken ist. Es dürfte kaum je einen deutschen Dichter gegeben haben, der eine politische Analyse von solchem Sachverstand verfaßt hätte. Gleichwohl hat er sich von der Wiener Märzrevolution nach anfänglicher Sympathie radikal losgesagt. Ihm wurde durch die Ereignisse der Revolution mit einem Schlage bewußt, daß sie unweigerlich zur Auflösung des Vielvölkerstaates führen würde, hatte doch nach seinen Worten "die lächerliche Nationalitätsfrage allen Volksstämmen der österreichischen Monarchie eine zentrifugale Bewegung eingedrückt". Vom Nationalstaat wollte Grillparzer nichts wissen. Sein Ideal war die Einheit Europas, dessen Kulturvölker durch die ausgleichende Ordnung der österreichischen Monarchie zusammengehalten werden sollten – unter geistiger Führung der Deutschen, weil diese eben keine Nation waren und daher einen übernationalen Kulturbegriff repräsentierten. Daß sie ausgerechnet durch das Grillparzer geistig wie politisch suspekte Preußen doch zu einer Nation zusammengeschmiedet wurden, hat ihn deprimiert. Er hat den Deutschen, und nicht nur ihnen, in seinem gegen die Barbarei des Nationalismus gerichteten "Angstschrei" (Joseph Roth) den Weg prophezeit, den sie tatsächlich gegangen sind: "von Humanität durch Nationalität zur Bestialität".

Grillparzers Schriftstellerexistenz ist von einer tragischen Paradoxie geprägt. Dem josephinisch-aufgeklärten 18. Jahrhundert sein Leben lang mit allen Fasern verbunden, dem romantischen Einsamkeitspathos des "Genies" abhold, ein *homme de théâtre* und politischer Schriftsteller von hohen Graden, Meister des gesellschaftskritischen, seinem Inhalt und seiner Form nach auf rasche Publizität zielenden Epigramms, schließt er sich von der Öffentlichkeit ab, welche doch die conditio sine qua non seines eigenen Literaturbegriffs ist, publiziert nichts mehr, sträubt sich gegen eine Gesamtausgabe seiner Werke, will seine letzten Dramen vernichtet wissen – und die Schwestern Fröhlich, die ihm den Haushalt führen, müssen seine Epigramme, wie Marie von Ebner-Eschenbach berichtet, heimlich mit dem Kaffeegeschirr in die Küche retten. Im Bewußtsein seiner Unzeitgemäßheit zieht er sich ins Schweigen zurück, oder, um mit Joseph Roth zu reden: er schweigt Tadel. "Ich komme aus andern Zeiten / Und hoffe in andre zu gehn", lautet sein berühmtes Bekenntnis.

Frankfurter Allgemeine Zeitung, 19. 1. 1991

Detlef Felken

GROSSE WÜRFE IN DES ZUFALLS BLINDE NACHT

Im Abgrund des Biedermeier: Über Leben und Werk des österreichischen Dramatikers Franz Grillparzer, der vor 200 Jahren geboren wurde

Ein schwieriges Werk ist sein Erbe an die deutschsprachige Literatur. Auf der Bühne hat Franz Grillparzer im 20. Jahrhundert nie mehr recht Fuß fassen können, und noch heute ist eine gewisse Distanz, ein Nicht-erliegenkönnen der zünftigen Germanisten zu spüren, wenn die Sprache auf ihn kommt. Er ist nicht vergessen und behauptet – sozusagen literaturhistorisch – einen gesicherten Platz als *der* österreichische Dramatiker des 19. Jahrhunderts, aber eine wirkliche Präsenz haben seine Helden und Stoffe nicht mehr. Renaissancen sind ausgeblieben. Gehört er eigentlich zu unseren großen Dichtern?

Sein äußeres Leben ist in wenigen Sätzen abgehandelt. Am 15. Januar 1791 in Wien geboren, wo er sein ganzen Leben verbringen wird, studiert er dort nach dem Abschluß des Gymnasiums Rechtswissenschaften. Als der Vater, ein Rechtsanwalt, 1809 stirbt und die Familie in ungeordneten Verhältnissen zurückläßt, bringt Grillparzer sich zunächst als Hofmeister durch und schlägt dann eine unerquickliche Beamtenlaufbahn ein. Konzeptspraktikant darf er sich 1815 nennen, und 400 Gulden Jahresgehalt reichen eben hin, ihn und seine Mutter zu ernähren. Erst 1832, als mehr als fünfzehn Jahre subalterner Tätigkeit hinter ihm liegen, bessert sich seine Lage spürbar. Er wird Direktor des Hofkammerarchivs, eine Stellung, in der er 24 Jahre lang – pflichtbewußt übrigens – seinen Dienst versieht. Die gutdotierte Position, die ihm zudem viel Freiraum für seine literarischen Arbeiten läßt, verdankt Grillparzer bereits seinem Ruhm als Dichter – die Anstellungsurkunde ist beziehungsvoll mit einer lorbeerumrankten Lyra verziert.

Kaum weniger unspektakulär als die berufliche Laufbahn geht auch das Privatleben des Archivdirektors seinen Gang. Freilich werden hier seelische Risse im Gehäuse der bürgerlichen Existenz sichtbar. Da ist die depressive Mutter, die sich in geistiger Verwirrung 1819 das Leben nimmt, und da sind die drei Brüder, von denen der Jüngste mit siebzehn Jahren gleichfalls Hand an sich legt, während die beiden anderen, beruflich gescheitert und seelisch gefährdet, zeitlebens Grillparzers Sorgenkinder bleiben, um die er sich mit rührender Fürsorge kümmert.

Da ist auch die eigenartige Beziehung mit Kathi Fröhlich. Erst ist Grillparzer leidenschaftlich entflammt, man schmiedet gemeinsame Zukunftspläne, dann aber wird die Heirat immer wieder aufgeschoben, schließlich stillschweigend ganz davon Abstand genommen. Obwohl andere Affären nicht ausbleiben, kann sich das Paar nicht voneinander lösen, und nach einem qualvollen Auf und Ab, aus dem besonders der hypochondrisch veranlagte Dichter wiederholt in eingebildete oder echte Nervenerkrankungen flüchtet, verklärt sich die Beziehung in der zweiten Lebenshälfte zu einer harmonischen Altersfreundschaft. Er könne "immerwährende Störungen" oder "Eingriffe in mein Inneres" nicht dulden oder auch nur ertragen, schreibt Grillparzer, der seit 1849 mit Kathi Fröhlich und ihren drei Schwestern in einem gemeinsamen Haushalt lebt. "Eigentlich zu zweien zu sein, verbot mir das Einsame meines Wesens."

Komplizierte familiäre und zwischenmenschliche Konstellationen, auf denen der Blick des Literaturpsychologen gern verweilt, ein Stück Abgründigkeit des Biedermeier, kaum aber Stoff genug für eine große Biographie. Denn ansonsten herrscht Ruhe in Grillparzers Vita. Eine Deutschlandreise 1826, in deren Verlauf er neben Tieck, Fouqué, Chamisso und einem heiter gelaunten Hegel auch Goethe begegnet, hat er selbst als den äußeren Höhepunkt seines Lebens angesehen. Als Goethe, hochbetagt und fast schon zur mythischen Gestalt geworden, freundlich seine Hand ergreift, bricht er in Tränen aus. Einer Einladung zu einem Gespräch unter vier Augen entzieht er sich verlegen im Gefühl der eigenen Unzulänglichkeit. Grillparzer, berichtet Goethe im Oktober 1826 Zelter, sei "ein angenehmer wohlgefälliger Mann; ein angeborenes poetisches Talent darf man ihm wohl zuschreiben ...".

Grillparzers wahres Leben ist die Dichtung, und nur die Dichtung. Schon in der Schulzeit ist er dem Schreiben verfallen. Er werde noch "auf dem Miste krepieren", tobt der Vater vergeblich gegen die Leidenschaft des Sohnes an. Eben 18 Jahre alt ist Grillparzer und ganz im Banne Schillers, als er die gigantomanische Jambentragödie "Blanka von Kastilien" vollendet. In wenigen Tagen wirft er 1816 "Die Ahnfrau" aufs Blatt, seinen ersten großen Erfolg. Das Schicksalsdrama spart nicht mit reißerischen Effekten: Ein Hausgeist, Vatermord und inzestuöse Verstrickungen sorgen dafür, daß die Schreckensgeschichte vom Räuber Jaromir ihren Siegeszug durch ganz Deutschland antritt. Von der zeitgenössischen Kritik schon aufs genrehaft Volkstümliche festgelegt, gelingt Grillparzer ein Jahr darauf mit seiner "Sappho" ein wahrer Geniestreich. Er habe wohl "mit Goethes Kalbe gepflügt", gesteht er später augenzwinkernd, aber das streng am Stilideal der

Weimarer Klassik geformte Trauerspiel überrumpelt erfolgreich die Kritiker. Die "Sappho" macht "unglaubliche Sensation", wie er befriedigt notiert, und sie macht Grillparzer zum Nationaldichter.

Diesen Rang festigte auch die Reihe der historisch-politischen Dramen, die nun, im Anschluß an die mythische Trilogie "Das goldene Vlies", mit "König Ottokars Glück und Ende" und "Ein treuer Diener seines Herrn" begann. Der Aufstand gegen die Obrigkeit und die um sich greifende Anarchie allerdings, die der treue Diener Bancbanus nicht zu verhindern vermag, gaben dem bei der Premiere anwesenden Kaiser Franz I. zu denken. Dem Kaiser habe das Stück so gut gefallen, überraschte der Wiener Polizeipräsident den vorgeladenen Dichter am nächsten Tag mit einer besonders originellen Zensurvariante, daß er es "für seine Privatbibliothek" zu besitzen wünsche – exklusiv, versteht sich.

Mehr als die wiederkehrenden Schwierigkeiten mit dem Zensurapparat des Systems Metternich demoralisierte Grillparzer jedoch der katastrophale Mißerfolg seiner einzigen Komödie "Weh dem, der lügt". Das doppelbödige Lustspiel um den Küchenjungen Leon, der seine adeligen Herren an der Nase herumführt und mit der Grafentochter Edrita ein höchst standeswidriges Happy-End feiern darf, empörte das vorwiegend aristokratische Premierenpublikum, das mit schroffer, ja verletzender Ablehnung reagierte. Um den "Undank" seiner Wiener zu bestrafen, aber auch aus Zweifeln am künstlerischen Wert seiner Spätwerke brachte Grillparzer keines von ihnen mehr auf die Bühne. Die Dramen "Libussa", "Ein Bruderzwist in Habsburg" und "Die Jüdin von Toledo", heute allgemein als seine bedeutendsten Tragödien angesehen, kamen erst nach seinem Tod am 21. Januar 1872 zur Aufführung.

Worum geht es in Grillparzers Dramen? Nur "Würfe in des Zufalls blinde Nacht" seien unsere Taten, ruft schon Jaromir in der "Ahnfrau" verzweifelt aus und artikuliert damit ein tragisches Grundthema Grillparzers, das bis hin zum "Bruderzwist" in immer neuen Variationen wiederkehren wird. Die Antinomie von Erkennen und Handeln, die Unfähigkeit des irdischen Menschen, die moralischen Postulate einer göttlichen Ordnung zu verwirklichen, die durch die Stimme des Gewissens oder den Ruf der Pflicht zu ihm spricht – an diesem unauflöslichen Widerspruch scheitern Grillparzers Helden.

Das Tun selbst erweist sich von Anbeginn mächtiger als der Handelnde. Die historisch-politischen Dramen weiten diesen Konflikt in staats- und geschichtsphilosophische Dimensionen. Ob der Handelnde wie König Ottokar, der unverkennbar napoleonische Züge trägt, die Geschichte mit seinen Taten voranpeitscht, oder ob er wie Rudolf II. im "Bruderzwist" durch Tatenlosigkeit die Geschichte retardieren will, jeder stößt an die

Grenzerfahrung, in der sich die Tat (oder ihre Unterlassung) im "Geschehen" auflöst und das Ziel verfehlt.

Der Ordo, die metaphysisch sanktionierte Seinsordnung, zerschmettert jeden, der sich ihm nicht ein- und unterzuordnen weiß. Der Mensch kann diese Ordnung prinzipiell erkennen, er darf sich ihr nicht entziehen, aber er kann sie durch die Berührung mit dem Leben auch nicht einlösen. Otto von Meran, diesen unerhört modernen Libertin, wirft der Wahnsinn buchstäblich zu Boden, als er aus allem Gehorsam gegen die gegebene Ordnung, gegen Anstand, Sitte, Moral heraustritt, um in hemmungsloser Leidenschaft das Recht eines gänzlich entgrenzten Subjektivismus zu fordern.

Eine Dichtung, die sich ursprünglich aus dem spanischen Barockdrama, von Calderón und Lope de Vega, herleitet: Im Handeln erfahren die Helden seiner Dramen ihr "desengaño", eine Desillusionierung, in der die Differenz zwischen Sein und Schein, Wirklichkeit und Täuschung offenbar wird. Sie alle, Jaromir, Ottokar, König Alphons in der "Jüdin von Toledo", glauben zu beherrschen, was geschieht, und sind doch längst Opfer ihrer Irrtümer geworden. Allein im Märchenspiel "Der Traum ein Leben" darf Rustan aus seinem Scheitern und seiner Schuld zu sich selbst erwachen und umkehren, für die anderen aber gibt es kein Zurück mehr. Sie sind ausgebrochen aus den ewigen Gesetzen und müssen dafür mit dem Verlust der Tradition, ihrer seelischen Heimat, bezahlen. Ohne Tradition aber gibt es für Grillparzer kein Glück.

Über Grillparzers Figuren liegt deshalb oft eine Atmosphäre der Angst und Bedrückung, sie agieren in einer statischen Spannung, in der jede Bewegung statt zu befreien nur die eigene Ohnmacht verstärkt. "Das goldene Vlies", über weite Strecken ein Vorläufer der modernen Ehetragödie, ist ein einziger Alptraum solcher sozialen Paralysen. Natürlich hat man in dieser Erstarrung einen dichterischen Reflex der Restaurationszeit mit ihren geist- und freiheitsfeindlichen Tendenzen gesehen, und in der Tat sind die Zusammenhänge zu augenfällig, als daß sie ignoriert werden könnten. Aber wichtiger ist eine andere Ursache für den tiefen Pessimismus Grillparzers, mit der er zum Geistesverwandten Nietzsches und Jacob Burckhardts wird: Der Mensch, den er in seinen Dramen vorstellt, ist der Mensch der Moderne, und seine Entwurzelung ist die unsere.

Was Grillparzers Werk groß und bedeutend macht, das ist sein Gespür für die Folgelasten, die der Abschied von der überlieferten Geschichte und ihren traditionellen Bindungen dem modernen Menschen auferlegt. Als mit Kaiser Rudolf II., seiner tiefsten und schwierigsten Gestalt, am Ende des "Bruderzwists" auch das Prinzip einer unverbrüchlichen Ordnung abtritt, ja von der Geschichte geradezu niedergewalzt wird, da stehen nicht bessere Zeiten, sondern Wallenstein und dreißig Jahre Krieg vor der Tür. Doch Grillparzer ist nicht nur der Tragiker des Konservativismus, der die Revolution von 1848 verwirft und dem Hause Habsburg in hadernder Treue anhängt. Die Altersdramen wirkten, so hat Helmut Bachmaier, der Herausgeber der Werke Grillparzers in der "Bibliothek der Klassiker", formuliert, "wie monumentale Monologe, die in eine stumm gewordene Geschichte hineingesprochen werden." "Ich bin ein Dichter der letzten Dinge", sagt der Autor von sich selbst.

Sein Anliegen ist nicht immer verstanden worden. Wenn am Ende des "Ottokar" mit den Jubelrufen "Hoch Österreich! Habsburg für immer!" der Vorhang fällt, dann hat das heute eine eher etwas lächerliche Wirkung. Auch die mitunter schweratmige Dramensprache und Tribute an das Versmaß wie "Je nun" und "Ei ja" erzeugen, beim Leser mehr noch als beim Zuschauer, Effekte von unfreiwilliger Komik. Das aber sind zeitbedingte Eigentümlichkeiten, die eine geschickte Inszenierung leicht in den Griff bekommt. Thomas Langhoff hat das im vergangenen Jahr mit der "Jüdin von Toledo" in Salzburg bewiesen. Die Aufführung war, wie Grillparzer gesagt hätte, "ein vollkommener Sukzeß".

Ob auch seine anderen Dramen den Weg auf die Bühne zurückfinden, bleibt abzuwarten. Grillparzer selbst war sich der Unzeitgemäßheit seines Werkes bewußt. "Ich komme aus anderen Zeiten", verwies er auch die Kritiker auf eine künftige (Rezeptions-) Geschichte, "und hoffe in andre zu gehn."

Rheinischer Merkur, 11. 1. 1991

Ulrich Fülleborn

KEIN DICHTER DER DEUTSCHEN?

Zu Franz Grillparzers 200. Geburtstag

Der Dichter Sapphos, Medeas und der Hero, Kaiser Rudolfs II. und des Küchenjungen Leon, nicht zu vergessen: des armen Spielmanns, wäre kein Dichter der Deutschen? Die Frage drängt sich dem auf, der aus dem besonderen Anlaß von Franz Grillparzers 200. Geburtstag am 15. Januar 1991 darüber nachdenkt, was dieser große Österreicher uns Deutschen in der Vergangenheit bedeutet hat und noch heute wirklich bedeutet. Man könnte sich zwar daran erinnern, daß seine Dramen auch bei uns immer wieder aufgeführt wurden, selbst in den letzten Jahrzehnten gelegentlich, und daß es den deutschen Klassikern nicht viel besser ergeht; ferner, daß die von ihm geschaffenen Dramenfiguren, vorzüglich die weiblichen, uns ja durchaus bekannt sind. Aber hat uns sein dramatischer Stil, seine Diktion, seine Thematik je so angesprochen, wie es bei Goethe, Schiller, Kleist und Büchner der Fall ist – von Shakespeare ganz zu schweigen? Österreich scheint weit, es gibt da eine Fremdheit, die unsere Regisseure und Schauspieler nicht recht zu überspielen oder sich nutzbar zu machen wissen und die wir vielleicht auch beim Lesen als Barriere empfinden.

Fremdheit, gegenseitige Fremdheit bestand indes schon zwischen Grillparzer und seinen eigenen Zeitgenossen, selbst in Wien: Sein dortiges Theaterpublikum verweigerte ihm, der seine gesellschaftliche Verpflichtung gegenüber der Öffentlichkeit als Mensch und Dichter sehr ernst nahm, bei der Uraufführung seines Lustspiels "Weh dem, der lügt!" (1838) die Gefolgschaft, woraufhin der Empfindliche die Werke seiner sogenannten Alterstrilogie, "Libussa", "Ein Bruderzwist in Habsburg", "Die Jüdin von Toledo", nur für seine Schreibtischschublade – und die Nachwelt – schrieb.

Aus distanziert-abgeklärter Haltung hat er sein Schicksal in die bekannten Verse gefaßt: "Will meine Zeit mich bestreiten, / Ich laß es ruhig geschehn; / Ich komme aus anderen Zeiten / Und hoffe in andre zu gehn." Der Sinn der Aussage scheint klar: Ein in seiner Gegenwart Vereinsamter beruft sich auf eine Herkunft, die zu seiner Zeit ohne Chance ist, und vertraut auf eine Zukunft, die die Gegenwart hinter sich gelassen haben wird. Herkunft – so meint man zu wissen – kann hier wohl nichts anderes bedeuten als das katholische, habsburgische Altösterreich, kultur- und literaturgeschichtlich gesprochen: der uns ferngerückte spanisch-österreichische Barock. Dabei übersieht man dann allzu leicht den Josephinismus als die österreichische Variante der Aufklärung, die uns gleichfalls wenig vertraut ist. Aber aus dieser Vergangenheit kommt Grillparzer nicht minder. Wäre er also vor allem wegen seiner Herkunft kein deutscher, sondern eben ein typisch österreichischer Dichter?

Kritischer Blick auf die Welt

Auch die äußere Biographie, in der sich "seine Zeit" spiegelt, bringt ihn uns nicht unbedingt näher. Als eingefleischter Wiener hat er seine Heimatstadt, sieht man von gelegentlichen Kuraufenthalten ab, nur für wenige größere Studienreisen verlassen, die ihn zu den politischen und geistigen Zentren und an die Peripherie Europas, nach Rom, Paris, London, Athen und Konstantinopel, und natürlich nach Berlin und Weimar führten. Das Festgewurzeltsein im Bannkreis der Wiener Hofburg, eine geradezu eigensinnige Treue zu seiner Stadt und ihren Menschen und ein durchaus kritischer Blick auf die Welt, wie sie sich von Wien her darstellte, gehören zur Signatur von Grillparzers Existenz.

Unter realgeschichtlicher Perspektive reicht das Spannungsfeld seines Lebens von der Ära Napoleons, dessen Aufstieg und jähen Fall er in seinem ersten Geschichtsdrama "König Ottokars Glück und Ende" per analogiam darstellte, über die Metternich-Zeit, unter deren Zensur er sehr zu leiden hatte, und die März-Revolution von 1848 bis zu der Verdrängung Österreichs aus dem Deutschen Bund und der preußisch-deutschen Reichsgründung durch Bismarck. Fast genau ein Jahr danach, am 21. Januar 1872, ist er gestorben.

Es gab also vieles, was ihn verstören, verbittern und menschlich "beschädigen" mußte, zumal er von Hause aus belastet war: Sein Vater, ein Mann von großer Härte, starb früh, seine Mutter nahm sich in geistiger Verwirrung das Leben, was ihn tief erschütterte. Das ungeliebte Jurastudium absolvierte er aus Verantwortung für die Familie, und in der sich anschließenden Beamtenlaufbahn, die eher ein Stillstand war, häuften sich die Enttäuschungen. Zu diesem zwangsläufig biedermeierlich eingeengten Leben paßt die "ewige Verlobung" mit Katharina Fröhlich nach einer Reihe leidenschaftlicher anderer Liebesbegegnungen.

Warnung vor Chauvinismus

Wenn Grillparzer sich also mit seiner Zeit so wenig in Übereinstimmung wußte, auf welche "anderen Zeiten" hat er dann gehofft? Auf den "Anschluß" ans Reich der Deutschen gewiß nicht. Seine Herkunft machte ihn gegen solche Träume immun. Aber ein "deutsches Österreich" wünschte er schon. Das ergab sich aus dem Erstarken des Nationalismus im Vielvölkerstaat Habsburgs, worin er vor allem chauvinistische Tendenzen erblickte: "Der Weg der neuern Bildung geht / Von Humanität / Durch Nazionalität / Zur Bestialität." So seine jüngst öfter zitierte Warnung vor einer Zukunft, die er nicht wollte. Aber welche wollte er? Seiner Libussa, der sagenhaften ersten Fürstin Böhmens, legte er eine Zukunftsvision in den Mund, die allgemein als sein geistiges Vermächtnis gilt. Die weise Frau, eine andere Kassandra, prophezeit zunächst einen drohenden Abstieg der Menschheit ad pessimum, eben bis zur Bestialität, und zwar in dem klaren Bewußtsein, damit kein Gehör zu finden.

Dann aber erschaut sie, aus liebender Mitmenschlichkeit dem "Prinzip Hoffnung" gehorchend, die Wiederkehr eines "anderen" Zeitalters: Nachdem die Götter aus der Welt verschwunden sind und diese leer zurückgelassen haben, werden sie aus den Herzen der Menschen wiederkehren. Und die so verheißenen "Götter" sind nun unverkennbar die aus der Goethezeit ererbten Werte, Ideen und Postulate des deutschen Humanitätsglaubens: säkularisierte "Demut" als "Selbstbeschränkung", "Mitgefühl", "Menschlichkeit", denn: "Der Mensch ist gut." Den deutschen Humanismus haben wir somit gleichfalls als eine der wesentlichen Herkünfte Grillparzers zu denken.

Der genuin österreichische Dichter wußte, was er Herder und Kant, Goethe und Schiller verdankte. Ihr Erbe suchte er gegen die Tendenzen seiner Zeit – den Hegelianismus und jede Form von übersteigertem Subjektivismus sowie die deutschtümelnde und katholisierende Trivialromantik – zu verteidigen. Und von dort aus, aber nicht allein von dort aus, hoffte er die Brücke hinüber in eine bessere Zukunft zu schlagen. Das gilt nicht nur allgemein geistig, es gilt auch hinsichtlich seiner Dramaturgie.

Wenn man also sagt, Grillparzer sei als Bühnendichter auch in der Nachfolge der deutschen Klassik zu sehen, so trifft man einen wirklichen Sachverhalt, aber man trifft ihn in einer mißdeutbaren Weise. Denn Grillparzer ist kein Epigone Schillers und Goethes, sondern er geht bewußt in einer ganz bestimmten Weise über sie hinaus, genügten sie ihm doch als je einzelne nicht. In seinen Urteilen stehen höchste Anerkennung und entschiedene Kritik dicht nebeneinander. Zum Beispiel schreibt er schon 1817: "Göthe ist als Dichter in allem unendlich groß was er macht, als dramatischer Dichter scheint er mir durchaus ohne Belang." Das klingt reichlich überspitzt, und doch bleibt es für ihn im wesentlichen bei diesem Urteil. Schiller dagegen gilt Grillparzer zwar dank seines souveränen Kalküls als ein Höhepunkt der dramatischen Kunst, aber ihm fehle, so meint er, viel vom Spezifisch-Dichterischen, weil er einseitig von der Idee ausgehe.

Deutsche Fehlentwicklung

Das heißt jedoch, daß in Grillparzers Augen dem Drama der deutschen Klassik etwas sehr Bedeutsames mangelt, nämlich die Verbindung von dramatischer Form und poetischem Gehalt, von Verstandesklarheit und der Sprache des Gefühls, kurz: die Verbindung von Kunstgestalt und Lebensfülle. Daß es hier zu einer solchen Spaltung von Zusammengehörigem kommen konnte, beurteilt Grillparzer als eine deutsche Fehlentwicklung. Sie zu überwinden beabsichtigt er, wenn er dafür plädiert, Goethes dichterische und Schillers dramatische Tugenden im theatralischen Schaffen zusammenzuführen, womit er sich zugleich gegen die "Shakespearomanie" der deutschen Romantik wandte.

Seine Hoffnung, daß ein solches Ziel – möglicherweise durch ihn selbst – erreichbar sein könne, speist sich jedoch wiederum aus seinen Erfahrungen als Österreicher: In seiner Heimat findet er etwas bewahrt, was der Aufspaltung der Gemütskräfte in Rationalität und Gefühlsirrationalität zu widerstehen vermag: die Sicherheit der natürlichen "Empfindung" als Voraussetzung humaner Kultur. Empfindung ist für ihn in gut aufklärerischer Tradition geradezu definiert als die harmonische Vereinigung von Gefühl und Verstand, die allein ein verläßliches mitmenschliches Handeln ermöglicht. Jede Hypertrophie des vom Gefühl nicht gelenkten Verstandes und des vom Verstand nicht kontrollierten Gefühls kann dagegen nach seiner Überzeugung nur verhängnisvolle Konsequenzen zeitigen. Wir haben als Deutsche beides allzu sehr am eigenen Leibe erfahren müssen.

Vorläufer Freuds und Strindbergs

Hier zeigt sich demnach genau der Punkt, an welchen Überlegungen anzuknüpfen wären über die Chancen, die Grillparzer gegenwärtig besitzt, mehr als bisher zum Dichter auch der Deutschen zu werden. Denn er verbindet in seinem Werk tatsächlich Dinge, die wir in deutscher Dichtung meist nur getrennt antreffen, die sich aber, wie unsere Erfahrungen lehren, wechselseitig fordern. Grillparzer ist zunächst einmal in bewußter Nachfolge Goethes, aber auch des spanischen Barockdichters Lope de Vega – beide setzte er in dieser Hinsicht gleich –, ein Dichter des individuellen, "erweislosen", d.h. des nicht-ratioiden Lebens. Als solcher hat er bei der Gestaltung seiner Figuren, ihrer unbewußten Regungen und wechselseitigen Abhängigkeiten, einen Spürsinn entwickelt, der ihn zu einem Vorläufer August Strindbergs und Sigmund Freuds werden ließ. Man denke an seine "Medea" als moderne Ehetragödie oder die quasi tiefenpsychologisch bloßgelegten Männerphantasien Rustands in "Der Traum ein Leben".

Gleichwohl stellt Grillparzer in jedem seiner Stücke den Menschen mit Nachdruck als gesellschaftliches Wesen dar. Durch ihr Handeln, das sich stets betont zwischenmenschlich ereignet, treten die dramatischen Personen unwiderruflich in ein soziales Wirklichkeitsgefüge ein. In der mehr privaten Welt der "Leidenschaftstragödien" "Sappho", "Das goldene Vließ" und "Des Meeres und der Liebe Wellen" wirkt sich dies schicksalhaft-tragisch auf die individuell Betroffenen aus. Im größeren Rahmen der Staats- und Geschichtsdramen "König Ottokar", "Ein treuer Diener seines Herrn" und "Ein Bruderzwist in Habsburg" besitzt es politische und geschichtliche Folgen.

Grillparzer hat also auch als politischer Dichter zu gelten, was sich nicht zuletzt in der Fülle seiner scharfsinnigen Epigramme und Tagebucheintragungen zu allen bedeutenden öffentlichen Angelegenheiten zeigt. Dabei stellt sich natürlich die Frage, ob seine politische Haltung heute noch von Interesse ist. Das wäre wohl kaum der Fall, wenn er servil und reaktionär nur einen politischen Beitrag zum "habsburgischen Mythos" (Claudio Magris) geliefert hätte. Er aber hoffte als liberaler Josephinist und Gegner des Metternich-Systems durchaus auf Veränderung. Das Emportauchen der Götter aus der menschlichen Brust, das Libussa prophezeit, würde ja nichts geringeres als die gänzliche Umpolung des Geschichtsverlaufs bedeuten, eine gewaltlose Revolution.

Kritik von rechts und links

Wie sehr Grillparzer offen war für die Möglichkeit solcher Zukunft, zeigt seine Reaktion auf den Beginn der Revolution von 1848/49: "Sei mir gegrüßt mein Österreich / Auf deinen neuen Wegen, / Es schlägt mein Herz wie immer gleich / Auch heute dir entgegen. // Was dir gefehlt zu deiner Zier, / Du hast es dir errungen [...] // Die Freiheit strahlt ob deinem Haupt". Als die Revolution dann aus der Bahn zu geraten schien und er ihr humanes Wesen gefährdet sah, schrieb er das Gedicht "Feldmarschall Radetzky", das die Armee als letzten Hort der Ordnung preist.

Man hat Grillparzer natürlich auf Grund dieser beiden öffentlichen Stellungnahmen zum großen Weltgeschehen sowohl von rechts wie von links getadelt. Und man könnte versucht sein, ihn für politisch wankelmütig zu halten. Doch hat er beide Male in voller Übereinstimmung mit seiner Grundüberzeugung gehandelt. Denn diese besagt, daß man unter den veränderten geistigen und allgemein-geschichtlichen Bedingungen des nachidealistischen Zeitalters situationsgebunden und ohne ideologische Festlegungen nach dem, was jeweils "ist", d.h. was konkret geschieht, zu urteilen und zu reagieren habe. Wie schwer das zu bewerkstelligen ist und welche Verantwortung es dem einzelnen auflädt, demonstrieren seine Geschichtstragödien deutlich genug.

Grillparzer erweist sich somit einerseits als ein Dramatiker, der die Geschichtlichkeit aller menschlichen Verhältnisse als fundamentale Gegebenheit ganz ernst nimmt, und andererseits als ein Verfechter kompromißloser Verantwortungsethik, der die Geschichte nicht etwa als eine irrationale Macht versteht, vor der Verstand und Vernunft kapitulieren müßten. Er stellt zwar, mit Koselleks Terminologie gesprochen, Historie als "Ereignisgeschichte", als "unwiderrufliche Sukzession der Geschehnisse", dar, aber er zeigt auch, daß jedes Geschehnis durch menschliches Denken und Handeln mitbestimmt ist. Daher die Möglichkeit und Notwendigkeit, die Motivationen und Folgen der Handlungen rational zu analysieren und unter ethischem Gesichtspunkt zu bewerten, wovon die Grillparzerschen Dramenschlüsse reichlich Zeugnis ablegen.

Das wäre im Kontext der für ihren ethischen Rigorismus bekannten Biedermeierliteratur noch nichts Besonderes – wenn die Urteile über die Schuld der Akteure nicht so widersprüchlich ausfallen würden und wenn die Freiheit des Willens bei Grillparzer nicht derart eingeschränkt wäre. Das Leben begegnet hier eben nicht nur in der Form beglückender Individuationen, wie zum Beispiel in Hero oder Edrita ("Weh dem, der lügt!"), sondern vor allem auch als der uns von Grillparzers Zeitgenossen Schopenhauer her wohlbekannte anonyme "Wille", der blinde Lebenstrieb, der sich das Individuum unterwirft, oder als das Freud antizipierende "Es" des Unbewußten, wie es sich an männlichen Figuren wie Jaromir ("Die Ahnfrau") oder Otto von Meran ("Ein treuer Diener seines Herrn") äußerst kraß zeigt.

Grillparzer: Dichter sowohl des individuellen wie des allgemeinen, triebhaften Lebens; Dichter des unhintergehbaren gesellschaftlichen Daseins; politischer Dichter, antiideologischer Geschichtsdramatiker und nicht zuletzt Verantwortungsethiker, der außerdem manche seiner Figuren auch die alten metaphysischen Träume von einer höheren, heilen Seinsordnung weiterträumen läßt – das könnte als Befund vielleicht genügen, um seine weit über Österreich hinausreichende Bedeutung zu erweisen. Zum eigentlichen modernen Dichter wird er jedoch erst durch die Art, wie er das alles in seinen Dramen vereinigt.

Auf Grund eines erstaunlichen Gespürs für die in der Zukunft liegenden Möglichkeiten, auf die hin er sein Werk entwarf, erstrebte er keine Synthesen zwischen den verschiedenen Aspekten der menschlichen Wirklichkeit, die er neu erprobte oder festzuhalten suchte. Vielmehr wies er jeder von ihnen eine eigene Ebene mit klar bestimmtem Geltungsbereich zu. Die Wirklichkeit, auf die es ihm in erster Linie ankam, also die des Lebens und der geschichtlichen Begebenheiten, ist bei ihm eben "erweislos" wie das Kantsche "Ding an sich". Sie bildet die elementare, die "fundamentalontologische" Ebene, auf die einzig die Dichtung mit ihren ureigenen, bildlich-zeichenhaften Mitteln verweist.

Davon streng geschieden und noch wieder voneinander klar getrennt sind die Ebenen des kausal urteilenden Verstandes und der über die sittliche Schuld der Personen befindenden Vernunft. Es handelt sich hier, wenn man so will, um mehrere voneinander unabhängige "Diskurse", die Grillparzer in der Weise ins Spiel bringt, daß sie in den konkreten dramatisch-tragischen Situationen in Widerspruch zueinander geraten, woraus sich ein mehrperspektivisches Bild des Dargestellten ergibt.

Versprachlichung der Welt

Dem heutigen Leser sollte es nicht schwerfallen, sich ins angemessene Verhältnis zur Struktur eines solchen Dichtungs- und Weltentwurfs zu setzen. Hat er doch wohl meist die Erfahrung machen müssen, daß der moderne Mensch sich immer schon in den verschiedensten Sprach- und Denktraditionen vorfindet, die unvermittelt nebeneinander herlaufen oder sich gar miteinander im "Widerstreit" (Lyotard) befinden. Was hat Grillparzer anderes getan, als auf diese besondere Form von Versprachlichung der Welt durch seine Art der Gestaltung hinzuweisen – gerade indem er die unaufhebbaren Grenzen zwischen den einzelnen Diskursen darstellte.

Was sich in solch modernem (oder postmodernem) Zusammenhang verstehen läßt, müßte sich auch auf der modernen Bühne, sei es in Österreich, Deutschland oder anderswo, spielen lassen. Gefragt wäre natürlich kein Einfühlungstheater, sondern vor allem die theatrale Veranschaulichung einer eigenmächtigen, nicht anthropozentrisch gedachten Wirklichkeit. Die speziellen, seit je gepriesenen gestischen, szenischen, bühnenbildlichen Mittel Grillparzers, vorzüglich Mittel des stummen Spiels, stehen hierfür abrufbereit. Damit zugleich wären die Grenzen der Sprache angesichts dieser Wirklichkeit zu demonstrieren, denn Grillparzer war ein Sprachskeptiker.

Und schließlich, aber nicht zuletzt, müßte es dem heutigen Theater möglich sein, die verschiedenen Diskurse, also den rational-psychologischen, den ethischen und den rein poetischen, in ihrem je eigenen Recht und in ihrem Widerstreit, im Widerstreit auch mit der unmittelbaren Erfahrung des Erweislos-Wirklichen, so scharf wie möglich herauszustellen. Überflüssig zu sagen, daß dabei die Errungenschaften des modernen epischen Theaters hilfreich sein könnten.

Tagesspiegel, 20. 1. 1991

Herbert Gamper

GLEICHZEITIG ZUSCHAUER UND SCHAUSPIELER

Heute vor 200 Jahren wurde der Dramatiker Franz Grillparzer geboren: War er der "dritte Klassiker"? Oder ein "Halbgenie"?

Franz Grillparzer, einer der großen Dramatiker deutscher Sprache und Patriarch der eindrücklichen Reihe von Dichtern, die aus der üppigen Verwesungsmaterie Kakaniens emporwuchsen, wurde am 15. Januar 1791 geboren (und lebte bis 1872). Es geht von ihm die – nicht ganz falsche – Sage, er sei Zeit seines Lebens ein grantiger, die Welt sich vom Leibe haltender alter Herr gewesen. Sein eigener Name war ihm zuwider, im Fragment zu einem autobiographischen Roman nannte er sich Fixlmüllner, mit der Kennzeichnung "ein Halbgenie". Es kam aber auch vor, daß er sich für den letzten Dichter hielt, den Dritten nach Schiller und Goethe, so seine Mumifizierung als österreichischer Klassiker antizipierend. Mangelndes Selbstvertrauen und lähmende Selbstkritik wie der obzwar nie vorbehaltslose, aber doch Maßstäbe suchende Blick nach Weimar stimmen darin überein, daß es dem Menschen wie dem Dichter schwerfiel, seine "Individualität durchzusetzen" (Tagebuch), ja daß diese, als ein Konglomerat von Widersprüchen, überhaupt zweifelhaft war.

Psychologisches Theater

Sein und Bewußtsein, Außen und Innen, Ausdruck und Empfindung oder Gedanke klaffen ihm auseinander, so sehr, daß ihm, der doch klagte, die Kunst habe sein Leben aufgezehrt (ein Topos vor allem dann im Fin de siècle), das Dichten zur Qual wurde: "Das Haschen nach Worten, Silben, Reimen ermüdet mich." Er habe wenig Interesse an Ausführung, möchte eine Tragödie in Gedanken, ohne Worte also, schreiben können: Die Gestalten und Bilder einer "glühenden Einbildungskraft" erstarren leicht zu tauben Schlacken, verblassen zu Schatten durch die Veräußerung, Versprachlichung; das Mögliche wird desavouiert durch das Verwirklichte (in der Kunst wie im Leben). Daher das häufig Sperrige, Spröde seiner Sprache, zuweilen auch unerlöst Konventionelle (Weimar!) von Sprache und (seltener) Szenerie; die erste Annäherung wird dadurch erschwert.

Dem mit sich Entzweiten ist alles, Wort und Handlung, und sind schließlich Gedanken und Empfindungen selbst Rollen- und Maskenspiel; moderne Entfremdungsproblematik findet so den Anschluß an barocke Formen und Motive. Verzweifelnd über eigene Fühllosigkeit, beklagt er seine "dauernde Verstandeskälte", die wie ein hohnlachender Narr hinter jedem Vorhang hervorgucke. Doch eben die als Fluch erfahrene stete Beobachtung und Selbstbeobachtung ließ ihn, der in Lichtenberg einen nahen Geistesverwandten erblickte, zum eindringenden Psychologen werden. Er setzt, gegen Schiller, bei seinen Figuren den Akzent auf das Unbewußte als auf den Bereich, in dem Schicksalhaftes vorgeprägt ist und sich vollzieht. So ergibt sich eine reiche Skala von Übergängen und Widersprüchen zwischen zwang- und traumverlorenem und verständigem, willentlichem Verhalten, wodurch die wichtigern seiner Gestalten als so lebensnah erscheinen und dankbare Aufgaben für reife, talentvolle Schauspieler als Menschendarsteller wären.

Grillparzer, in seiner Gebrochenheit, ist ein Meister indirekter Darstellung, behutsamen Andeutens. Es ist kaum Plakatives, kein donnerndes Pathos, wenig Sentenzenhaftes in seinen Stücken; entscheidende Aussagen erfolgen durch bildliche Zeichen, die oft musikalisch, als Reflexe sammelnde Leitmotive eingesetzt sind; durch Spiegelungen analogischer und kontrastierender Art; durch mit Worten nicht auslotbare unwillkürliche Gebärden. Um so eindringlicher ist die Wirkung, wenn immer wieder einmal Personen dazu gelangen, in beseelter, vibrierender Rede sich direkt auszusprechen: wenn für einmal das "zuckende Verlangen" ihres zerrissenen Schöpfers, "Äußeres und Inneres, Körperliches und Geistiges zu vereinen" (Tagebuch), stellvertretende Erfüllung findet.

Opfer der Verhältnisse

Mit sich entzweit, war er "zugleich Zuseher und Schauspieler": "Aber der Zuseher konnte nicht Plan und Stoff des Stückes ändern, noch das Stück den Zuseher zum Mitspieler machen." Das heißt, durch die Entzweiung ist auch der Wille gelähmt; das eigene Leben – so sah er es selber – läuft fatalerweise so ab, als hätte jemand anders es gedichtet beziehungsweise eine anonyme Macht es vorgeschrieben: Diese ist in der *Ahnfrau*, dem Stück, das 1817 seinen Ruhm begründete, konkretisiert als Familienfluch. Doch Grillparzer war hellsichtig genug, die Macht des sogenannten Schicksals in der Folgezeit als Ensemble geschichtlicher, gesellschaftlicher Mächte zu begreifen. Schließlich erfuhr er sie als das dumpfe Klima des restaurativen Polizeistaats mit seinen ihm die Luft abschnürenden Schikanen und seiner Zensur. So trug ihm 1819 ein bei Hofe als blasphemisch eingestuftes Gedicht einen kaiserlichen Verweis ein, verbunden mit der Drohung, im Falle erneuter Unbotmäßigkeit solcher Art den Beamtenstatus, der seine Lebensgrundlage war, zu verlieren.

Damals schon scheint er endgültig resigniert zu haben: "Die äußeren lähmenden Verhältnisse gewannen die Oberhand über die gewaltsam zurückgehaltene Kraft." Er geht, pointiert gesagt, zugrunde an Österreich, aus dem er, als seinem Wurzelboden, doch nicht loskommt: "Ich hätte dieses Land, halb Kapua und halb eine Fronfeste der Seelen, zeitig verlassen müssen, wenn ich ein Dichter hätte bleiben wollen. Nun ist's zu spät, mein Inneres ist zerbrochen" (1830).

In sich zurückgedrängt, schloß er auch willentlich – die Kopfexistenzen seines Enkels Thomas Bernhard präludierend – sich in sich ein, versäumte es, sich wirklich zu gewinnen, aus Scheu vor dem Selbstverlust, den alles Handeln, jede Bindung an die Welt zur Folge hat. Er verlegte sich früh darauf, als verloren zu beklagen, was er nie besaß. Selbst die Liebe ist ihm, dem Schöpfer des vielleicht schönsten, zartesten Gemäldes ihrer wundersamen Macht (*Des Meeres und der Liebe Wellen*), ein bei aller Bitterkeit zwar unendlich süßer, aber doch giftiger Trank. "Was ist es, das den Menschen so umnachtet / Und ihn entfremdet sich, dem eigenen Selbst, / Und fremdem dienstbar macht?" fragt sich die ihrer aufbrechenden Liebe willenlos preisgegebene Hero. Er selber, davor scheuend, blieb lebenslang mit seiner jungfräulichen Braut nur verlobt; seine Gestalten, die ihre Liebe ausleben – herausragend Medea und Jason (*Das Goldene Vlies*), Hero und Leander –, gehen daran zugrunde – oder eigentlich an den Verhältnissen, unter denen sie sich entfalten will; denn nur der erste Rausch kann vielleicht meinen, sie ereigne sich in einem gesellschaftsfreien Raum.

Der politische Seher

Grillparzer erlaubte sich nicht, das Wirkliche träumend und phantasierend zu überfliegen, und er verurteilte aufs schärfste alle die Gestalten seiner Stücke – die Helden im herkömmlichen Sinn –, die es als Stoff zu ihren Taten mißbrauchen. Er verlangte – und übte – Selbstbeschränkung und Selbstverleugnung im Bewußtsein der Verantwortlichkeit für das Ganze, für Schöpfung und Mitwelt, gegenüber einer im letzten als göttlich begriffenen Ordnung als Harmonie. So wurde er, der sich, als Opfer, über den Habsburger-Staat keine Illusionen machte, zu dessen beredtem Anwalt – am eindrücklichsten in der Figur Rudolfs II., des "stillen Kaisers" (*Ein Bruderzwist in Habsburg*). In ihm kommen auf seltene Weise historische

Gestalt und persönliches Bekenntnis des Dichters, dessen Scheu vor Welt und Leben, in ihre politische Dimension gestellt, in einem veränderten Licht erscheint, überein. Als anrührende Zerrspiegelung, sozusagen Fixlmüllner, erscheint daneben der arme Spielmann (in der gleichnamigen Novelle), der, versunken in die Klänge der Weltenharmonie, als Narr Gottes, erbärmliche Mißtöne auf seiner Geige kratzt. Da tut sich noch einmal die Spannweite dieses Mannes Grillparzer auf, der beides war, als beides sich fühlte: Narr und Kaiser. Und eben die Weisheit, die beides leicht ineinander übergehen lassen konnte, ermöglichte es ihm, mit der österreichischen Realität seiner Zeit sich abzufinden. Bezogen auf die Idee des Kaisertums als den Inbegriff von menschlicher Willkür entrückter Ordnung, war sie ihm, wie immer verzerrt und entstellt, das kleinere Übel. Denn er erblickte im aufsteigenden Bürgertum, das dazu die Alternative war, die Täter, die Macher am Werk, die frevelnd eingreifen mit ihrer anmaßenden Willkür in die Ordnung der Schöpfung, gewachsene menschliche Bande zerstören und die Zersplitterung des Reiches bewirken würden. Bekannt wurde sein prophetisches Wort, der Weg der neueren Bildung führe von Humanität über Nationalität zur Bestialität. Er hat leider recht behalten.

Grillparzer ist zu entdecken. Vielleicht kommen künftig Anstöße von den Trägern des von der Universität Wien gestifteten heute erstmals (an Peter Handke) verliehenen Grillparzer-Preises. Soeben erschien in der Reihe *Suhrkamp Taschenbuch Materialien* ein ihm gewidmeter Band. Fast alle seine Werke liegen als Einzelausgaben bei *Reclam* vor, leider nicht die so erregend modernen, aufschließenden Tagebücher.

Basler Zeitung, 15. 1. 1991

Herbert Hrachovec

DIE SPRACHE DES BERUFSBEAMTEN

Teil I

Am 15. Jänner jährt sich der Geburtstag Franz Grillparzers zum 200. Mal. Daß dieses Jubiläum einigermaßen im Schatten des Mozartjahres steht, ist vermutlich kein Schaden: Grillparzer findet sein Unglück und Ende ohnehin oft bereits auf den heimischen Schulbänken, wo er selbst Kunstbeflissenen durch Zwangslektüre auf längere, wenn nicht auf alle Zeit ausgetrieben wird. Patriotische Feiern aber hat der einzige Goethe, über den Österreich verfügt, nicht verdient. In einer aus gegebenem Anlaß dennoch erscheinenden Serie, die sich mit verschiedenen Aspekten von Grillparzers Biographie und Werk auseinandersetzt, bringt Herbert Hrachovec die Widersprüchlichkeit und Ambivalenz dieses Dichters zur Sprache.

"Wohlan ihr Herrn
Nehmt das Panier und tragt es allen vor;
Den edlen weißen Strich von Österreich;
Und wie er glänzend geht durchs rote Feld,
So will ich sehen Österreichs weiße Zeichen
Die Gasse ziehn durch blutgefärbte Leichen."
(König Ottokars Glück und Ende, v. 2743-2748)

Grillparzer staubt; nichts wird bewältigt, alles kostümiert. Man konnte schon zu seiner Zeit viel überzeugender und flotter schreiben. Strömungen, wie sie sich in der Literaturgeschichte durchsetzen, sind mitreißend. Grillparzers Dramen (die "Ahnfrau" ausgenommen) sind weder gehetzt noch gesetzt. Sie klingen, wie wenn der Vater vom letzten Krieg erzählt, zu feierlich und zu banal. Den Zeichen folgen auf dem Fuß die Leichen. Er staubt nicht nur, er staubt auch ab.

Der Patriot, der das Kaiserhaus verherrlicht und ein unerträgliches Gedicht auf die dreitägigen Wehen der Mutter Franz Josephs verfaßt, ist einem dringenden Bedürfnis gerade recht gekommen. Österreich, das den Kampf um die Hegemonie in Deutschland verloren hatte, brauchte einen hauseigenen Klassiker. In diese Rolle wurde Grillparzer gesteckt. Durch eine eklatante Fehleinschätzung seiner Qualitäten wurde der Nachtfalter zum Wappentier gemacht. Das Gravitätische seiner Deklamationen sollte den österreichischen Charakter mit Beständigkeit und Würde auszeichnen.

Natürlich kam dabei das Gegenteil heraus. Die Lächerlichkeit des Nationalstolzes hat sich auf die Reputation des Nationaldichters geschlagen; sein Werk wurde zur Pflichtübung. Es liegt in einem sonderbaren Niemandsland: unmodern, aber nicht nostalgisch; von Zweifeln angekränkelt, aber hausbacken; ein Konglomerat aus Redefluß und Verdrießlichkeit. Ironiker bemerken, daß diese Charakteristika Grillparzer am Ende doch zum typischen Österreicher machen. Lähmende Feierlichkeit und bissige Zwischenbemerkungen. Das mag schon stimmen, reizvoller ist eine andere Betrachtungsweise.

Ich möchte stichprobenartig dem Zauber seiner Montur begegnen – ihn anerkennen, ihm entgegenreden. Die jüngere Literatur hat nachgewiesen, daß Grillparzer mindestens soviel mit Strindberg und Kafka wie mit der Weimarer Klassik zu schaffen hat. Mir dagegen geht es weniger darum, in ihm das aufzufinden, was uns vertraut ist, als vielmehr zu fragen, was seine Staubschicht deckt.

Er war ein Dichter und Beamter, ein Hofrat, der in jungen Jahren am Theater reüssierte. In bitteren Sentenzen hat er selber den Verlust der Inspiration zwischen den Aktenbergen beklagt. Ein gutes Beispiel dafür, daß Kunst und Sicherheitsbedürfnis sich eben nicht vertragen. Ist das so sicher? Eine Perspektive auf Grillparzer eröffnet sich durch die Beobachtung, daß wir mit unseren Vorstellungen vom reinen, atemlos aufgestachelten Künstler tief im romantischen Vorstellungskreis stecken. Für gewöhnlich dient die Sprache nicht der Anfeuerung, sondern als Kleister für die unterschiedlichsten Bedürfnisse.

Sprechen hat in den meisten Fällen bürokratische Funktion. Wie und wann etwas gesagt wird, bestimmt, wie die verschiedensten Materien sachgerecht zu behandeln sind. Die Meldung einer Presseagentur verlangt andere Reaktionen als ein Wutanfall. "Irrtum!" werfen die Literaten seit Karl Kraus ein, die Aufgabe der Kunst besteht gerade darin, die Ungeheuerlichkeit der Welt ins aufgebrachte Wort zu bringen. Das ist des Hofdichters Sache nicht. Die erste Bürgerpflicht seiner Sprache ist Abwiegelung. Daher kommt das Gefühl, daß Grillparzer, bevor er loslegt, erst einmal seine Wertsachen versteckt. Die Abneigung gegen eine solche Zurückhaltung ist revisionsbedürftig. Amtsdeutsch ist wegen seiner Indirektheit verschrien; es erzeugt eine Zwischenwelt, durch die die Wirklichkeit abgepuffert wird. Gott sei Dank, muß man auch sagen, ein Refugium für alle, die der Explosivkraft der Worte mißtrauen. Das sind nicht nur die Zensurbehörden, sondern auch die weniger Wortgewaltigen und die Wissenschaftlerinnen. Grillparzers Staats-Schauspiele trägt ein so verstandenes Amtsdeutsch. Er sucht in seinen Windungen nicht Unterschlupf, sondern Abkühlung.

Der Vielvölkerstaat hat damit zu tun. Man muß sich vorstellen, welche Wirkung es auf die gegenwärtige Wiener Literatur hätte, wenn Slowaken, Slowenen, Italiener u.a. in höchsten Regierungsämtern säßen. Das Kunst-Deutsch würde gleichzeitig weniger selbstverständlich und unentbehrlicher. Es wäre eine Sprache von Herrschenden, die sich über gewisse Grenzen hinaus nicht durchsetzen könnten. Medium eines Nationalgefühls, dem seine Partikularität anhaftet. So lese ich bei Grillparzer nicht nur Personennamen (Tetka, Kascha, Libussa, Benesch, Milota, Zawisch ...), sondern auch den österreichischen Stolz. Im peinlichen Radetzky-Hymnus liegt es in aller Widersprüchlichkeit offen. "Vorwärts! ist ung'risch und böhmisch." Das mußte Grillparzer passieren, der an den Fortschritt wahrlich nicht geglaubt hat. Das Befehlswort büßt seine Durchschlagskraft ein und hat doch auf vielfältige Weise recht behalten. Volkswagen kauft sich bei Skoda ein, die Feldzüge in den Süden und Osten sind noch lange nicht vorbei. In Zentraleuropa wird eine zu ihnen passende Ausdrucksweise zusammengestoppelt.

Falter, 11. 1. 1991

DER TRIUMPH DES STATUS QUO

Teil II

"Zudem gibts Lagen wo ein Schritt voraus
Und einer rückwärts gleicherweis verderblich.
Da hält man sich denn ruhig und erwartet
Bis frei der Weg, den Gott dem Rechten ebnet."
(Ein Bruderzwist in Habsburg, v. 1175-1178)

Grillparzer brodelt; ein alter Grantscherben, der nicht weiß, was er eigentlich will. "Nachdem man sterben sich gesehen / Mit seiner eignen Leiche gehen." Er ist kurz über 40 und betrachtet sich als Greis, 1838 zieht er sich, 34 Jahre vor seinem Tod, nach dem Premierendebakel von "Weh dem, der lügt!" aus der Theaterwelt zurück. Dichter sollen an Schwindsucht sterben, zu hohen Ehren aufsteigen oder in der Wüste verschwinden, aber bitte nicht ständig lamentieren.

Zeit seines Lebens hat Grillparzer mit dem Problem gekämpft, daß er in seine Zeit nicht paßte. Dem aufgeklärten Regime Josefs II. hängt er nach, gegen die Repression Metternichs. Er protestiert angesichts der Zensur, aber das ist eine matte Sache, denn erstens ist er sowieso zu vorsichtig, und zweitens hat er Angst, daß in der neuen Zeit der Pöbel die Oberhand gewinnt. Also singt er doch ein Ruhmlied auf die Habsburger, allerdings bleibt es in der Schreibtischlade, versalzen mit mißmutigem Spott. Über seine Untergebenen schreibt er ins Tagebuch: "Ich habe sie mir feindseliger, ich habe sie mir unwissender, unbrauchbarer gedacht. Aber es ginge besser, wenn sie schlimmer wären." Alles andere als ein angenehmer Zeitgenosse.

Wir sind auf Siegertypen eingestellt, selbst die Lieblingsverlierer, Woody Allen oder Samuel Beckett, müssen Erfolg nachweisen. Dazu gehört, die rechte Frau am rechten Ort zu sein, die Gunst der Stunde zu erkennen. Nichts ist so schön, als wenn der Weltgeist auf seiner Höhenfahrt einmal bei uns zu Hause einkehrt. Die krankhafte Begeisterung, wenn Österreichs Skiläuferinnen im Weltcup führen, dokumentiert, wie schlimm das elementare Bedürfnis nach einem Platz an der Sonne der Geschichte in diesem Land frustriert wurde. Die Erklärung für den Stolz auf die "Heimat großer Söhne" liegt in der sozio-politischen Konfiguration mehrerer vergangener Jahrhunderte.

1670 erscheint in Amsterdam Spinozas "Theologisch-politischer Traktat", der schon im Vorwort proklamiert, der rechte Staat sei jener, der jedem erlaubt, zu denken, was er will, und zu sagen, was er denkt. 150 Jahre später ist davon in der Habsburgermonarchie, nach kurzem josefinischem Zwischenspiel, noch immer nichts zu merken. Ein Trauma für politisch empfindliche Untertanen. Die Franzosen haben ihre Revolution, die deutschen Romantiker stellen ihr reklamebewußt Fichte und Goethe als ebenbürtige Leistungen an die Seite – und was haben wir? Monarchistische Rindviecher. "Und ruhig, auf Trottel den Ersten / Wie Butter, folgt Trottel der Zweite."

Dieser Rückstand ist Grillparzers Position. Die Entwicklung der Neuzeit hat Europa in ein englisch-französisches Zentrum und Peripherien zerteilt. Die dort Zurückgebliebenen kämpfen mit der Paradoxie, ihre moderne Identität nur über externe Mächte zugesprochen zu erhalten und sie darum per definitionem zu verfehlen. Politische Befreiung und literarische Größe sind Grillparzer vor Augen geschwebt, ohne daß er in der Lage gewesen wäre, die Wunschbilder umzusetzen, bei uns in Bagdad.

Mittlerweile hat sich allerdings herumgesprochen, daß die Erfolgsgeschichten der Zentralmächte nicht ohne schwerwiegende Defizite auskommen. Die Defensive, in welche sie die Randgebiete drängen, besitzt eine eigene Berechtigung. Zum Beispiel muß Mißtrauen gegen revolutionäre Umstürze nicht gleichbedeutend mit reaktionärer Unfähigkeit sein. Unter Umständen bewahrt es eine langsamere Entwicklung und deutet auch noch darauf hin, daß die Erfolgsgeneration vorwiegend aus Ausbeutern besteht. Schön anzusehen ist das Nachhängen freilich nicht.

Raunzen ist eine Entsorgung von Idealismus. "Denn in Deutschland weht der Sturm / – Sturm, man weiß, ist Wind." In einer Hinsicht ist diese Abschätzung einfach Angst vor Veränderung. Aber was bleibt jemandem, der in eine historische Flaute geboren wird, schon über? Es steht uns schlecht an, in beflissenem Nachziehverfahren die Ideale des Fortschritts zu übernehmen und nach dieser Aktualisierung die Nase über Grillparzer zu rümpfen, der sich nicht besser zu helfen wußte als mit dem Rückzugsgefecht des enttäuschten Archivdirektors.

Nicht bloß, daß er damit den Status quo unangetastet läßt, er hat ihn in Ermangelung besserer Lösungen bekräftigt. Aus dem Triumph der Umstände über den Dichter gewinnt der Dichter seinen Ruhm. "Triumph des Status quo" aber ist ein Widerspruch und eine Wahrheit, an die die Durchschlagskraft der Sieger nicht heranreicht. Sie meinen, wie die Dinge stehen, sei kein Grund zu Freude, Jubel sei dagegen nur dort berechtigt, wo ein lange unterdrücktes Prinzip zum Durchbruch kommt. – Vorsicht, hier spricht die Gegenpartei.

Brodeln heißt etwas verzögern oder untergründig kochen. Grillparzers geduckte Kunst widerspricht dem Hölderlin-Kleist-Artaud-Paradigma in den meisten Punkten. Nicht darin, daß es um Befreiung geht; nur ist sie nicht kontextfrei aus vorbildlichen Entwicklungen zu übernehmen. Der Mut, den eigenen Bedingungen zu folgen, erzeugt Schrullen. Aber nicht selten haben Personen die Partie aufgehalten und sie damit weitergebracht.

Falter, 18. 1. 1991

DIE PARADE DER SCHULDIGEN

Teil III

"Siehst du, sie sind schon heiter und vergnügt
Und stiften Ehen für die Zukunft schon.
Sie sind die Großen, haben zum Versöhnungsfest
Ein Opfer sich geschlachtet aus den Kleinen
Und reichen sich die annoch blut'ge Hand."
(Die Jüdin von Toledo, v. 1921-1925)

Grillparzer kippt; es ist ihm nicht gelungen, das Kaiserhaus zu feiern, ohne es dabei gleichzeitig zu kompromittieren. Nach einer läppischen Gewohnheit verleihen wir für regimekritische Bemerkungen Gutpunkte. Dabei wird übersehen, daß die wahrheitsgetreue Nachbildung der Untertanen schon alle Materialien enthält, auf die ein Aufstand zurückgreifen kann. Der Zusammenhang zwischen Grillparzers Lobpreis der Monarchie und der feinen Nase, mit der sie diesen Braten roch, wäre Stoff für eine Komödie.

Rudolf von Habsburg in "König Ottokars Glück und Ende" ist wirklich eine Seele von einem Mann – aber das Stück handelt vom Leben Ottokars und provoziert auch noch den lauten Unmut der böhmischen Kronländer. Bancbanus in "Ein treuer Diener seines Herrn" ist ein Muster an Pflichterfüllung – praktisch ein Muster ohne Wert. Die Interpreten haben sich bemüht, am alten Mann, der seine Tochter-Gattin der Rettung von Gesetz und Ordnung opfert, sympathische Züge zu entdecken. Ein pikiertes Befremden ist nicht zu übersehen. Soviel Unterwerfung tut den Herrschenden nicht gut.

Die Strategie Kleists zur verzweifelten Verherrlichung der Weltordnung besteht darin, daß nach dem Gemetzel ein zauberhafter Kurfürst, Kaiser oder Gott den Knoten löst. Er ist durch nichts in den vorangegangenen Ereignissen verankert. Grillparzer ist einen bitteren Schritt näher an den Tatsachen, seine Kaiser sind Doppelwesen, Mensch und Gott, miserabel und umkleidet mit der unermeßlichen Würde ihres Amtes. Darum kann noch so viel gepriesen werden, das beleuchtet immer zugleich die Unzulänglichkeit. König Andreas hat Bancbanus für die Zeit seiner Abwesenheit die Herrschaftsgewalt übertragen. Kaum ist er fort, geht alles drunter und drüber. Mit knapper Not verhindert Bancbanus den Bürgerkrieg. Eine Prozession von Missetätern, die er anführt, zieht dem König entgegen, als er rächend zurückkehrt. Sie unterwerfen sich dem königlichen Willen. Wer ist an dem Schlamassel schuld? Die Gattin und der Schwager des Herrschers; das hätte er doch wohl voraussehen können.

Schärfer wird das Motiv in der "Jüdin von Toledo" durchgespielt. Dort ist König "Alfons der Gute" der ärgste Sünder. Sein Liebesabenteuer mit Rahel ist eine pflichtvergessene Affäre, erst als seine Räte die Jüdin umbringen lassen, kommt er zur Vernunft. Die Schuldzuschreibungen und Selbstbeschuldigungen schlagen Purzelbäume. Erst nehmen die Königin und der Rat Aufstellung, um ihre Strafe zu empfangen. Der König befindet: "Kein Unterschied, denn Alle seid ihr schuldig." Darauf der Sprecher der Granden mit starker Stimme: "Und Ihr nicht auch?" Ja freilich, beim König liegt der Ursprung des Rechts und auch der Übertretung.

Man kann Grillparzer also mildernde Umstände zugestehen, dennoch sind seine mahnenden Fürstenspiegel veraltet. Er bastelt an der Frage, wie die ehedem vertraute Ordnung von Natur und Staatswesen am besten gegen die Zerrissenheit der neuen Zeit zu bewahren sei. In diesem Jahrhundert war die österreichische Antwort der Ständestaat. Ein solcher Konservativismus tut weh. Solidarität verbietet die Rechthaberei des Klassenkampfes, denn wir haben alle Dreck am Stecken.

Das klingt nicht sehr erhebend! – Eben. Grillparzer hat zwei Varianten des Sich-Beklagens zusammengezogen, das Raunzen und die Selbstbezichtigung. In seinem System dient das der Bekräftigung einer Gerechtigkeit, hinter deren Anspruch alle Menschen zurückbleiben. "Vor dem Gesetz" wird Kafka sagen und dazu dieselbe Demütigung eingesessener Amtsräte inszenieren. Es herrscht schon soviel Gleichheit, daß alle die Auswirkungen derselben Misere verspüren, doch auch noch soviel Unterschied, daß es sie auf wohlverteilten Plätzen der gesellschaftlichen Rangleiter trifft.

Der Ständestaat gehört mittlerweile der Vergangenheit an; aber nicht wirklich. Weiß Gott, von woher die Ungerechtigkeit in die Welt kommt, vom Klima, vom Kapital, vom Krieg. Dazwischen verhauen wir nach wie vor die wichtigsten Dinge und hören Wojtech Jaruzelski sagen: "Das Wort 'Verzeihung' kann nichtssagend wirken. Ich finde jedoch kein anderes." Beamtenethos, das unbestechlich die Akten sichtet und korrekt bleibt, auch wenn kein Herrscher es befiehlt, ist ein faires Angebot. Die interimistische Verwaltung am Rande der Verzweiflung. Kaiser Rudolf II. ist ein solcher Funktionär: "Doch ward mir Fleiß und noch ein andres: Ehrfurcht."

Roland Barthes hat die Geste hervorgehoben, mit der Franz Schubert sich dem Wahnsinn verweigert und der Trauer zukehrt, die in allen steckt. Grillparzers Helden sind Sachwalter des Katzenjammers. Ein Leben in Schande ist ihnen nicht unmöglich. Besser, an der Seele Schaden zu nehmen, als die Mitwelt oder sich selbst über die Klinge springen zu lassen. Recht birgt den Keim zur Korruption, Gnade liefert uns der göttlichen Barmherzigkeit aus; eine schöne Bescherung.

Falter, 25. 1. 1991

DER KAMPF DER GESCHLECHTER

Teil IV

"So habe denn was trotzend du gewollt:
Den Tod. Ich aber scheide jetzt von dir;
Auf immerdar. Es ist das letztemal
In alle Ewigkeit das letztemal
Daß ich zu dir nun rede mein Gemahl."
(Medea, v. 2333-2337)

Grillparzer schmerzt; zeitlebens hat er sich unter Strapazen arrangiert, nur seine männliche Egozentrik ist ungebrochen geblieben. Frauen gegenüber ist der gesamte verkorkste Triebhaushalt des hyper-sensiblen Biedermeier-Beamten manifest. Seine Geliebten sind die überstandenen Revolutionen und die schönen Wilden. Ungeniert mutet er ihnen seine Eigenheiten zu. Das setzt sich in Szenen um, die gestern erdacht worden sein könnten.

Etwa die folgende Beziehungskiste. Ottokar hat seine Alte fortgeschickt und sich an ihrer Stelle eine rassige Ungarin geholt. Nur leider ist er ihr zu fad und fahrig, sie läßt sich mit dem Nihilisten aus der Nachbarschaft auf ein Verhältnis ein. Zu allem Überdruß geht in der Firma alles schief. Ottokar wankt tröstungsbedürftig nach Hause. Kunigunde reagiert eiskalt: Schleich dich, ich brauche keinen Waschlappen als Mann; und fort ist sie. Was bleibt ihm über, als mit einer Verzweiflungstat ihre Achtung zurückzugewinnen?

Er läßt sie rufen und fragt lauernd, ob sie ihm zutraut, das Kompromißangebot seines Chefs auszuschlagen. – Das traust du dich nie! "So lang Ihr Euch nicht von der Schmach gereinigt / Betretet nicht als Gatte mein Gemach." Also reißt Ottokar das Dokument entzwei. "Nun erst willkomm ich Euch!" sagt Kunigunde. Aber der Psychoterror ist damit nicht zu Ende. Jetzt hat der Mann, der sich soeben das eigene Grab geschaufelt hat, wieder Oberwasser. "Ich sehe Blut an deinen weißen Fingern, / Zukünftiges Blut! Ich sag: berühr mich nicht." Die beiden lassen einander nichts nach. Ottokar übernachtet auf der Couch eines alten Geschäftsfreundes.

Patriarchalische Verhältnisse bedeuten nicht unbedingt, daß Männer kommandieren. Sie bestimmen einen Rahmen, in dem die Schwächen beider Geschlechter zum gesellschaftlichen Vorteil des einen wirken. Die Frauen als Katalysatoren der ernüchternden Selbsterkenntnis ihres Geliebten, so zeigen es Grillparzers knieweiche und bockige Helden. Jason ist nicht Manns genug, zu seiner Frau zu stehen; Bancbanus opfert seine einem Lüstling; Alfons der Gute kann Rahel nicht vor den Würdenträgern seines Reiches schützen. Der traurige Überrest Mann ist dennoch besser dran.

"Sind es aber gute, wohlwollende, etwa gar Personen, denen ich zu Dank verpflichtet bin, so gerate ich in einen Zustand der Abspannung, der sich nur durch die Willkürlichkeit der Bewegung vom Schlafe unterscheidet." Das schreibt Grillparzer in der "Selbstbiographie" vom Verhältnis zu adeligen Gönnern, aber es gilt ebenso für Frauen. Und während er den Grafen gegenüber immer irgendwie gezwungen ist, den Umstand zu vertuschen, hat er ihn den Geliebten gegenüber ausgespielt. Entweder kaum erreichbar und Stimulus für Phantasie, oder Hausfrau und damit sexuell außer Obligo. Aus dieser Klemme hilft keine Haupt- und Staatsaktion.

"Wir glühten, aber ach, wir schmolzen nicht." Die Liebe ist ein temperiertes Feuer. Der Wahnsinn liegt nicht in der Selbstpreisgabe, sondern im Versuch, sich mit der Störung lebendig zu erhalten. Einmal hat Grillparzer die Zusammenhänge in ihrer ganzen Breite auseinandergelegt.

Es ist neben Kleists "Käthchen von Heilbronn" und "Penthesileia" das großartigste deutschsprachige Geschlechter-Drama des 19. Jahrhunderts geworden: "Libussa", die Geschichte der Ehe mit einer idealisierten Frau.

Sie ist Königstochter, der Mann ein Bauer. Nur in Verletzung der Grenze zwischen Mythologie und Alltagsbedürfnis treffen Libussa und Primislaus überhaupt aufeinander. Die Begegnung mit dem anderen Geschlecht bringt der Frau die Herrschaft über das Reich, dem Mann ungestillte Sehnsucht. Was solche Episoden normalerweise bewirken, wird genau auf den Kopf gestellt. Aber wir sind erst im 2. Akt. Das Matriarchat der wohlmeinenden Fürstin ist nur eine Zwischenstation im Geschichtsverlauf, den letztlich doch die freigesetzte maskuline Energie bestimmt.

Primislaus kommt aufgeputzt wie ein junges Mädchen zu seiner Herrin, deren Gemahl er werden soll. Sie spricht in Rätseln, er spricht in Rätseln, beide können von ihrem Stolz nicht lassen. Die Machtübergabe, die Grillparzer nach der Logik des Dramas bewerkstelligen muß, ist ihm psychologisch unzugänglich; es gibt keinen guten Grund zur Unterwerfung der Frau durch den Mann. Aber so ist es nun einmal: "Indem sie Primislaus' Hand ergreift und halb das Knie beugt, das Volk aber kniet, fällt der Vorhang" des 4. Akts.

Damit sind alle Requisiten beisammen, die Grillparzer benötigt, um Visionen zu produzieren. Ein Fürst, den die göttliche Ordnung überfordert; ein Mann, der kurzsichtig dem Fortschritt nachjagt; die Frau als Opfer, die dem Wohlergehen der Bürger die Weihe tiefer Einblicke in das Verlorene gewährt. Libussa spricht sterbend Grillparzers Vermächtnis. Es spitzt sich auf einen zum Weinen lächerlichen Satz zu. "Der Mensch ist gut, er hat nur viel zu schaffen." Die Triebfeder eines Lebens zeigt sich schlagartig unverhüllt. Dann ist gleich wieder von Demut als oberster Gottheit die Rede; Grillparzer scherzt.

Falter, 1. 2. 1991

Günter Kaindlstorfer

"ICH HÄTTE ÖSTERREICH VERLASSEN MÜSSEN!"

Die Jubelfeiern zum 200. Geburtstag von Franz Grillparzer gehen recht leise vonstatten. Zumindest, wenn man sie mit dem gewaltigen Fortissimo vergleicht, das derzeit um Wolfgang Amadeus Mozart intoniert wird. Dabei ist unser heimischer Literatur-Klassiker durchaus der Beschäftigung wert. Wie kein anderer verkörpert Grillparzer das Wehleidige, den Minderwertigkeits-Komplex, die Zerrissenheit, aber auch das Genialische des österreichischen Bürgertums.

"Grillparzer liebe ich ernstlich. Der reinste Shakespeare an Knappheit, Treffsicherheit und volkstümlichem Humor. Ist es nicht zum Lachen, daß er ein lederner Staatsbeamter und langweiliger Patron war?"
Rosa Luxemburg in einem Brief, 1917

Der 25 jährige:
"Fliehen will ich dieses Land der Erbärmlichkeit, wo Vernunft ein Verbrechen ist und Aufklärung der gefährlichste Feind des Staates. Natur, warum ließest du mich gerade in diesem Land geboren werden!"
Franz Grillparzer in seinem Tagebuch

Der 41 jährige:
"Habe die Archivsdirektion erhalten und so des Menschen Sohn um dreißig Silberlinge verkauft."
Franz Grillparzer in seinem Tagebuch

Der 65 jährige:
"Der Unterzeichnete hat im Jahr 1848 durch sein Gedicht an den Feldmarschall Radetzky nicht wenig zur gesunden Gesinnung beigetragen."
Franz Grillparzer in seinem Pensions-Gesuch an Kaiser Franz Joseph

Franz Grillparzer ist ein überaus aufregender Dichter. Und doch haftet ihm das Odium des verstaubten, des abgestandenen Lesebuch-Klassikers an. Kein Gymnasiast aus Wien oder Innsbruck käme heute auf die Idee, freiwillig den "Armen Spielmann" oder gar die "Libussa" zu lesen.

Das ist bedauerlich; und nur durch die höheren Weihen erklärlich, die ihm eine offiziöse Literatur-Bürokratie seit einem guten Jahrhundert verliehen hat. Im rastlosen Bestreben, aus Grillparzer einen österreichischen Nationaldichter zu machen, der sich von der Konkurrenz aus Weimar abhebt, hat man den Blick auf sein Werk verstellt. Und zwar gründlich. Wer sich Grillparzer heute nähern möchte, der muß ihn zunächst vom Staube befreien. Der größte Dichter des heimischen Bürgertums ist eine höchst faszinierende Gestalt, gerade auch in seiner Widersprüchlichkeit.

Was war dieser Mann nicht alles: Liberaler Demokrat und Weihwedler der Konterrevolution, Hofrat, unglücklich Liebender und Habsburg-Hasser, Nörgler, Raunzer, Grübler und Schöpfer der herrlichsten Dramen. Doch alles hübsch der Reihe nach.

Als Sohn eines josefinischen Beamten ist Grillparzer ganz im Geist der Aufklärung herangewachsen. Sein Vater war ein glühender Verehrer von Joseph II. "Nach der Beschreibung seines Sohnes hat er sich zu den eigenen Kindern wohl ähnlich verhalten wie die josephinischen Reformer zum Volk", schreibt Gerhard Scheit. Papa Grillparzer war nach Kräften bemüht, seine Sprößlinge zu fördern und zu mündigen Untertanen zu erziehen. Gleichzeitig war er jedoch ein überaus abweisender und pedantischer Charakter: "Sein äußeres Benehmen hatte etwas Kaltes und Schroffes an sich", so Grillparzer junior. Kurzum, die Kindheit des späteren Dichterfürsten war äußerst unglücklich. Und hier, in seinen frühen Jahren, ist wohl auch die Wurzel für seinen späteren Selbsthaß, seine Bindungs-Unfähigkeit und sein permanentes Minderwertigkeitsgefühl zu suchen. Als Jüngling entbrennt Grillparzer dann in heller Begeisterung für die Weimarer Klassik. Goethe und Schiller werden zeit seines Lebens jene Fixsterne bleiben, an denen sich seine Dichtung orientiert. Klar, der junge Grillparzer war auch ein Gegner der Metternichschen Reaktion: "Seine Tagebücher bewahren bis in die vierziger Jahre hinein den Standpunkt der Aufklärung und der Demokratie", so schreibt Gerhard Scheit, dessen Grillparzer-Biographie wohl zum besten gehört, das derzeit zum Thema zu haben ist. Selbst ein demokratischer Feuerkopf wie Heinrich Heine konnte in Grillparzer ein verwandtes Gegenüber ausmachen. Nachdem ihn der Österreicher in seinem französischen Exil besucht hatte, schrieb ihm Heine nach Wien: "Ich habe Sie seit jeher sehr gut verstehen und darum verehren können." Die Zuneigung war wohl gegenseitig.

Mit 26 Jahren feiert Grillparzer dann seinen ersten, ganz großen Bühnenerfolg: "Die Ahnfrau", ein düsteres Schicksals-Drama, schlägt ein wie wenige Jahre zuvor die Schrapnells der napoleonischen Truppen. Die "Sappho", ein Jahr später nachgereicht, steht dem Bühnenerstling in punkto Publikumsgunst nicht nach. Sogar Metternich ist begeistert. Er lädt das junge Genie zu einer Audienz und gewährt ihm eine jährliche Pension von 1000 Gulden sowie eine Verkürzung seiner Arbeitszeit als Beamter. "Das Glück des jungen Mannes ist gemacht", notiert der damalige Burgtheater-Direktor Schreyvogel befriedigt.

Nicht ganz. Denn bereits wenig später wird Grillparzer erste schmerzvolle Erfahrungen mit den Schattenseiten des Regimes machen. Während einer Rom-Reise bringt er ein folgenschweres Gedicht zu Papier. Grillparzer, ein leidenschaftlicher Hasser des Katholizismus, stößt sich an einem großen Kreuz, das am römischen Kolosseum angebracht ist. "Nehmt es weg, dies heil'ge Zeichen", ruft er voller Emphase aus. Die Botschaft dieser Verse war klar: Unverhohlen beschuldigten sie die Kirche, die antike Kultur vernichtet und mißbraucht zu haben.

Als eine Wiener Zeitschrift das Gedicht veröffentlicht, erlebt Grillparzer seinen ersten Skandal. Durch kirchliche Behörden alarmiert, zieht die Zensur alle bereits gedruckten Exemplare ein. Grillparzer erhält eine Maßregelung von allerhöchster Stelle. Kaiser Franz schreibt dem Polizeipräsidenten: "Sie haben ganz recht getan. Rufen Sie Grillparzer in meinem Namen vor und erteilen Sie ihm einen strengen Verweis. Übrigens werden Sie ihm bedeuten, daß, da er zugleich Beamter ist, ihm bei einem einmaligen Rückfalle die Entlassung aus Meinem Dienste bevorsteht."

Hier machte es sich hautnah bemerkbar, das kleinliche Muckertum eines Systems, unter dem Grillparzer fortan zu leiden hatte. Zum ersten Mal stand er nun vor der Entscheidung: Auswandern oder Unterwerfen. Grillparzer dachte nach – und entschied sich für die Unterwerfung. Elf Jahre später vertraute er seinem Tagebuch an: "Ich hätte dieses Land zeitig verlassen müssen, wenn ich ein Dichter hätte bleiben wollen. Nun ist's zu spät, mein Inneres ist zerbrochen."

Eine Schlüsselstelle, nicht nur für das Verständnis Grillparzers. Seit jeher ist der heimische Intellektuelle Beamter gewesen. Bis heute. Seit jeher befand er sich in einer seltsamen Abhängigkeit vom Staat. Das hängt vor allem mit der historischen Schwäche des heimischen Bürgertums zusammen. Eine starke Bourgeoisie hat sich hierzulande nie als autonome und selbstbewußte Klasse konstituieren können. Der Bildungsbürger zwischen Graz und Czernowitz – in der Regel bekleidete er eine ganz bestimmte Funktion: Er war Beamter. Ein Abhängigkeits-Verhältnis, das seinen Preis hat, wie man am Beispiel Grillparzers erkennen kann. Die Konfliktscheu, der Untertanengeist, das Selbstmitleid, ja auch die internationale Zweitrangigkeit der österreichischen Literatur hat hier ihre Wurzeln.

Grillparzer versuchte dann auch nach Kräften, die Scharte, die er da gewetzt hatte, wieder gutzumachen. Sein Drama vom Glück und Ende des Königs Ottokar ist nicht nur ein bestechendes Theater-Werk, es ist auch ein offener Hymnus an das Haus Habsburg.

Den wahren, den oppositionellen Grillparzer jener Zeit lernt man in seinen Tagebüchern kennen. Hier, in trauter Privatheit, hält er all seine Verwünschungen, all seine scharfsichtigen politischen Analysen fest: "Östreich wird immer im Nachzuge bleiben", schreibt er 1836. "Meine Hoffnung auf Freiheit gründe ich vor allem auf Frankreich."

Im Revolutions-Jahr 1848 folgt dann der große Sündenfall des Franz Grillparzer. Claudio Magris bezieht sich vor allem auf ihn, wenn er mit der opportunistischen Haltung der österreichischen Intelligenz jener Zeit abrechnet. Das Verhältnis zur Revolution verändert sich in drei Etappen: "Anfangs ein leicht entflammter Enthusiasmus, dann verdrießliche Furcht vor Anarchie und schließlich Aufruf zur Ordnung."

Genau diesen Weg ist Franz Grillparzer gegangen. Er macht sich Sorgen um den Nationalitäten-Konflikt, er fürchtet den Zerfall des Habsburger-Reiches: "Östreich allein wird nicht bestehen", so schreibt er "wenn der erfrischende Morgen für die anderen hereinbricht. Und ich bin so albern mich darüber zu kränken."

Im Sommer schlägt er sich dann offen auf die Seite der Konterrevolution. Gewiß, sein berühmtes Lobgedicht auf den Feldmarschall Radetzky – "In deinem Lager ist Österreich" – darf man nicht nur als Dokument der Anpassung sehen, es entspringt wirklicher Sorge um die Einheit des Landes.

Er selbst betrachtet sich als Mann der Mitte. Die Tugenden des österreichischen Beamten – in vierzigjähriger Staats-Tätigkeit hatte er sie tief verinnerlicht: Maß halten, sich nicht vordrängen, Verzicht üben, seine Pflicht erfüllen, das waren die Maxime, auf die sich die alte, moderig gewordene Monarchie stützte. Es waren auch die Maxime des Franz Grillparzer. Aus dem scheuen, ehrgeizigen und himmelsstürmenden Jüngling war ein nervöser Mann geworden, ein galliger und verbitterter Greis.

Wie sehen wir ihn heute? Als respektablen Dichter zunächst. "Des Meeres und der Liebe Wellen", "Weh dem, der lügt", die "Libussa", "Der arme Spielmann", all das sind bedeutende Schöpfungen. Ihre Poesie, ihre Gewalt, ihre Zartheit überzeugen noch immer. Und doch ist Franz Grillparzer allzu tief in der österreichischen Misere verwurzelt.

Im großen Orchester der Weltliteratur spielt er nur eine untergeordnete Rolle. Vielleicht den Hornisten, ganz hinten rechts. Daß er sich nie entscheiden konnte, dieses Land zu verlassen, hat sein Schicksal besiegelt. Er hat es so gewollt. Er hätte ein ganz Großer werden können.

Bücher zum Thema:
Gerhard Scheit: "Grillparzer", Rowohlt-Monographie, 160 Seiten, öS 85,-

Heinz Politzer: "Franz Grillparzer oder das abgründige Biedermeier", Zsolnay-Verlag, 416 Seiten, öS 349,-

Arbeiter Zeitung, 12. 1. 1991

Gerhard Melzer

DER MANN AM UFER

Splitter zu Franz Grillparzers 200. Geburtstag

"Derlei Namen kommen nicht auf die Nachwelt", meinte Franz Grillparzer zu wissen. Der skeptische Hofrat irrte gründlich – und behielt auf vertrackte Weise trotzdem recht. Sein Name fehlt in keiner Literaturgeschichte, in Österreich führt ihn jedes Schulkind irgendwann einmal im Munde, und austriazistisches Selbstbewußtsein läßt sich im Namen Grillparzers allemal glanzvoll zur Schau stellen. Dennoch: was das Gedächtnis öffentlicher Wahrnehmung und Wertschätzung bewahrt, ist ein leeres Gefäß. Manchmal scheint es, als sei Grillparzer gar nicht anwesend in seinem Namen. Gelangen seine Dramen auf die Bühne, wirken sie meist wie strenge, unzugängliche Sprachmasken, wie Endzustände eines Gesichts, dessen Regungen kaum mehr zu erkennen sind. Und auch das umfängliche Schrifttum, oft eher Hagiographie als vertiefte Auseinandersetzung, bekommt seinen Gegenstand, gerade weil es ihm so aufdringlich nahe bleiben möchte, selten angemessen in den Blick.

Grillparzer selbst leistete solch maskenhafter Präsenz kräftig Vorschub: vordergründig durch sein frühzeitiges Verstummen, nachhaltiger durch ein Schweigen, das seine Verlautbarungen wie eine zweite, dunklere Rede begleitet. Daß dieser Subtext womöglich Grillparzers eigentlicher Text sein könnte, ahnte schon Ferdinand Kürnberger: "Ihr kennt den Grillparzer gar nicht!" schrieb er in seinem Nachruf für die "Berliner Börsen-Zeitung" (vom 23. Jänner 1872): "Wie man im Traume die Geister nur von der oberen Hälfte her sieht, so ging von dem ganzen Grillparzer nur eine Hälfte über die Erde: die andere Hälfte ist niemals gesehen worden." Und heute, da die Nachwelt am 15. Januar Grillparzers 200. Geburtstag feiert? Wahrscheinlich gilt immer noch, was Hofmannsthal vor- und hellsichtig zugleich bemerkte: "Ängstlich laufen wir hin und wider, von einer verschlossenen Tür (hinter der unerlöstes Leben zu winseln scheint) zur andern ...".

Gebannt an seine Orte

Es gehörte zu Grillparzers widersprüchlicher Innenausstattung, daß er die Räume liebte, die ihn einschlossen und beengten. Trübes Halbdunkel, wie es Kaiser Rudolf II. im nachgelassenen Drama "Ein Bruderzwist in Habsburg" umgibt, bestimmt von Anfang an die Atmosphäre dieser Räume. Die riesige, unübersichtliche Wohnung, in der Grillparzer aufwächst, wird von Ratten bevölkert, die Anordnung der Räumlichkeiten führt deren Bewohner nicht zusammen, sondern vereinzelt sie. Tageslicht fällt nur an den längsten Sommertagen in das eine oder andere Zimmer, und dann stehen die Kinder und freuen sich an den einzelnen Lichtstreifen am Fußboden. Grillparzer wechselt seine Behausungen öfter, aber immer sind es ähnlich lichtarme Wohnungen in Wiens Innenstadt, die seinen unmittelbaren Wohnraum bilden. Als er sein erstes erfolgreiches Drama, "Die Ahnfrau", schreibt (1816), heißt seine Wohnadresse "Im Elend" (heute "Tiefer Graben"), und selbst der letzten Wohnstätte (in der Spiegelgasse), die er mit den Geschwistern Fröhlich teilt, fehlt jede Weite und Großzügigkeit.

Auch die Kreise um diese innersten Lebensräume sind eng. Im Grunde ist Grillparzer ein Dichter des Ersten Bezirks. Seine Spaziergänge führen ihn kaum je über das Glacis hinaus, und als die alten Stadtmauern geschleift werden, beobachtet er das gründerzeitliche Treiben mit Skepsis und Trauer. Ein Zeitgenosse berichtet: "Um seine Bastei war ihm leid; sein liebes Wasserglacis mit dem Kinderjubel, den Ziegengruppen und der schläfrigen Musik im altertümlichen Pavillon war ihm nicht nur ein äußerer, war ihm ein wesentlicher Verlust, und voll wehmütiger Aufmerksamkeit verfolgte er die beginnenden Anlagen des Stadtparks, einem Vertriebenen gleich, der sich resigniert, sah man ihn häufig dort auf und nieder wandeln."

Das Beispiel zeigt, wie Grillparzer an der Vergänglichkeit seiner Lebensverhältnisse leidet. Sie mögen noch so bedrückend sein, weitaus bedrückender ist ihm allemal die Vorstellung, ganz und gar außerhalb orientierender Bezüge und Zusammenhänge zu stehen. Jede Veränderung, jede geschichtliche Bewegung weckt die bösen Geister der Ortlosigkeit, und so hält Grillparzer still auf den Plätzen, die ihm die Geschichte zuweist, selbst wenn es durchaus nicht seine Plätze sind. Das gilt letztlich und in besonderer Weise auch für seine Bindung an das politische System der Habsburgermonarchie; er verklärt dieses System zum Lebensraum höherer

Ordnung, es ist ihm – nicht nur sprichwörtlich, sondern tatsächlich – ein bergendes "Haus", an dem er bis zur Selbstaufgabe festhält. "Hier Landes scheint kein Platz für mich zu sein", vertraut er dem Tagebuch an, "und doch wollte ich lieber alles tun und leiden, als es verlassen."

Die erstickenden Wohnstätten, das umfriedete Wien der Inneren Stadt, das "Haus Habsburg": Grillparzer bleibt gebannt an seine Orte, und das Werk, das er schafft, trägt die Zeichen dieses Banns.

Das Unheil der Geschichte

Wahrhaft heimisch freilich fühlt sich Grillparzer in keinem seiner Räume. Indem er festhält an ihnen, sehnt er sich immer nur nach dem einen Ort im Morgendämmerlicht der Zeit. Wie Rousseau träumt Grillparzer von einer Urgeborgenheit im geschichtslosen Raum, am entschiedensten im Trauerspiel "Libussa", das ihn ein Leben lang beschäftigt.

Das Drama nimmt seinen Ausgang von einem vorgeschichtlichen Zustand, und seine Konflikte laufen letztlich darauf hinaus, den Eintritt in Zeit und Geschichte als unwiderruflichen Sündenfall zu vergegenwärtigen. Dieser Sündenfall setzt im Selbstverständnis Grillparzers eine Dynamik in Gang, die sich – fortschreitend und immer neuen, zweifelhaften Fortschritt zeugend – zerstörerisch gegen Mensch und Natur wendet. Herausgelöst aus allen überindividuellen Bindungen, treibt der befreite Einzelne seine Vereinzelung voran, bis hin zum Kampf aller gegen alle, auf den das Unheil der Geschichte zusteuert.

Grillparzer weiß, daß er diesem Prozeß nicht wirklich Einhalt gebieten kann, und so entfaltet er sein Werk als wehmütig-resignativen Einspruch gegen den Sog von Zeit und Historie. Die Gestalten, die sein Wesen am deutlichsten spiegeln – der arme Spielmann, Rudolf II., Libussa –, stehen als Versager, Sonderlinge, pessimistische Visionäre am Rand der Geschichte. Wie Grillparzer selbst haben sie sich scheinbar eingerichtet in ihren Verhältnissen, doch was ihr Dasein wirklich bestimmt, ist eine fundamentale Heimatlosigkeit. Libussa deutet die Genese dieses Exilbewußtseins an, wenn sie Primislaus und seiner geschichtshungrigen Männergesellschaft entgegenhält: "Nicht Ganze mehr, nur Teile wollt ihr sein / Von einem Ganzen, das sich nennt die Stadt, / Der Staat, der jedes einzelne in sich verschlingt, / Statt Gut und Böse, Nutzen wägt und Vorteil / Und euern Wert abschätzt nach seinem Preis. / Aus eurem Land, das euch und sich genug, / Beglückt mit allem was das Leben braucht, /.../ Wollt ihr heraus mit habbegier'gem Trachten / Und heimisch sein im Fremden, fremd zu Haus."

Wo Geschichte derart das Einverständnis sucht mit der Fremdheit, die sie erzeugt, bewahren Grillparzer und seine bedeutsamsten Gestalten die Erinnerung an einen mythischen Ort der Vertrautheit. Auf Orte, wie sie die Zeit hervorbringt, fällt höchstens ein schwacher Abglanz dieser Vertrautheit; keine Geborgenheit, die die Geschichte schafft, reicht heran an das Glück ursprünglichen Zuhauseseins, und das erklärt, warum Grillparzer bei allem Zurückweichen vor dem Zugriff der Geschichte, bei aller konservativen Selbstbescheidung, im Innersten unversöhnt bleibt mit der geschichtlichen Welt. Hermann Lenz, ein später Geistes- und Seelenverwandter Grillparzers, teilt diese Unversöhnlichkeit. "Vor deiner Haut beginnt die Fremde", läßt Lenz den schweigsamen Diener Wasik denken (im Roman "Die Augen eines Dieners", 1964), und dieser lakonische Befund zeigt an: Solang Geschichte ihre Wirkungen entfaltet, radikalisiert sie die Erfahrung geschichtlicher Verwerfung, indem sie den Ort der Vertrautheit zusehends abdrängt in verborgene, entlegene Zonen des Ichs.

"Habsburgischer Mythos"

Hermann Lenz weiß seinen innersten Bezirk meist gut zu schütztten. Franz Grillparzer ist wehrloser, weil er trotz ausgeprägten solipsistischen Neigungen nicht auskommt ohne Menschen. Und so landet er, die mythische Heimat vor Augen, oft genug bloß in den wackligen Schutzhütten von Staat und Gesellschaft. Dort verfaßt er patriotische Gedichte. Dort preist er die Heldentaten des Feldherrn Radetzky. Dort wird er mit dem Leopoldsorden dekoriert und ins Herrenhaus berufen, wo er inbrünstig die nationalen Bestrebungen der Ungarn geißelt. Dort geht er regelmäßig seiner Beamtentätigkeit nach, auch wenn sie ihm bestenfalls mißmutige Tagebuchnotizen abnötigt ("Im Bureau leeres Stroh gedroschen"). Kurz: Grillparzer sucht immer wieder im Einvernehmen mit den Ordnungskräften der Monarchie, nicht weil er sich Illusionen machte über deren repressiven Charakter, sondern weil er nichts nachhaltiger fürchtet als die chaotische Entfesselung dieser Kräfte.

Im Werk Grillparzers verwandelt sich dieses vorschnelle, ängstliche Einverständnis in ein geistiges Konstrukt, das Claudio Magris später "habsburgischen Mythos" nennen wird. Gereinigt von den Schlacken schlechter Wirklichkeit, präsentiert sich der Habsburgerstaat als gottgewolltes, überzeitliches Gemeinwesen, in dem jeder seinen vorbestimmten Platz einnimmt, der Herrscher eingeschlossen, der sich demütig als Teil einer größeren, kosmischen Ordnung begreift. Sosehr dieses Harmoniemodell aus Grillparzers privaten Sehnsüchten gespeist wird, so entschieden markiert es einen öffentlichen Ort. Hier träumt ein Heimatloser den Traum von Heimkehr und Geborgenheit, doch dieser Traum will auf panische Weise selbstlos sein. Grillparzers "habsburgischer Mythos" ist eine Gesellschaftsutopie; Geschichte soll nicht weggeblendet, sondern humanisiert werden zu maßvoller Kontinuität.

Solche Kontinuität mag auf die Sonderwünsche und Bedürfnisse einzelner keine Rücksicht nehmen, und da mündet dann freilich der gutgemeinte Humanisierungsversuch recht bald in blutleeren, abstrakten Humanismus, wie er beispielsweise aus Rudolf von Habsburg spricht (im dritten Akt von "König Ottokars Glück und Ende"):

"Ich bin nicht der, den Ihr voreinst gekannt!
Nicht Habsburg bin ich, selber Rudolf nicht;
In diesen Adern rollet Deutschlands Blut.
Und Deutschlands Pulsschlag klopft in diesem Herzen.
Was sterblich war, ich hab es ausgezogen,
Und bin der Kaiser nur, der niemals stirbt."

Mit dieser Konsequenz, die ihm sein Weltbild diktiert, hat Grillparzer zeitlebens seine liebe Not. Denn ganz gegen sein ideologisches Wollen steigen in ihm wieder Gefühle, Triebregungen, Leidenschaften hoch, die mit Vehemenz auch ins Werk drängen, und so wird der Konflikt zwischen rhetorischer Selbstzähmung und verdrängten, verhüllten, umgelenkten Emotionen zur eigentlichen Signatur dieses Werks.

Der Widerspruch reicht tief ins Zentrum von Grillparzers Produktivität. Um überhaupt schreiben zu können, notiert er zu wiederholten Malen ins Tagebuch, bedürfe er des Schwungrads einer begeisterten Phantasie; Begeisterung sei der "einzige Hebel" seiner Natur. Gleichzeitig – und unter anhaltendem Klagen über das Ausbleiben dieser Begeisterung – scheut er heftig zurück vor Gefühlen. Seinen Freund Georg Altmüller läßt er wissen, daß er zur Liebe nicht fähig sei, und wo Liebesgefühle das Werk bestimmen, bewirken sie meist Selbstentfremdung und Identitätsverlust. Leidenschaften führen an Abgründe, in die Grillparzer nicht schauen mag; entsprechend wachsam reagieren die Instanzen der Selbstkontrolle: "Es ist etwas in mir, das sagt, es sei ebenso unschicklich, das Innere nackt zu zeigen als das Äußere."

Als Haltung, die nahezu das gesamte Schaffen Grillparzers prägt, kollidiert diese Scham immer wieder mit der produktiven Energie, die ungehemmt ins Werk setzen will, was ihr zuströmt. Im historischen Trauerspiel "Die Jüdin von Toledo" entfaltet Grillparzer diesen Konflikt als widersprüchliches Gegeneinander von Eros und Staatsräson, wobei der Sieg des Gesellschaftsganzen ähnlich herbeigezwungen wirkt wie in "König Ottokars Glück und Ende" der Sieg herrscherlicher Beherrschtheit über leidenschaftlichen Macht- und Tatendrang. Grillparzers Position im Spannungsfeld solcher Gegensätze ist insgeheim weitaus zwiespältiger, als die Dramenschlüsse glauben machen wollen. Besonders deutlich kristallisiert sich dieser Zwiespalt an der Gestalt Napoleons, die Grillparzer abstößt und fasziniert zugleich. "Eines plagte Napoleon", räumt er im Tagebuch ein und bringt zugleich auch sich selbst ins Spiel, "so wie es mich plagt: eine ungeheuer bewegliche, den Erfolgen ewig zuvoreilende und sie sodann zurücklassende Phantasie. Das trieb ihn zu immer neuen Entwürfen, zu Planen, die oft an den Wahnsinn zu grenzen scheinen, und ließ ihn doch immer leer. Sein ganzes Leben war ein Ringen, einen Punkt zu finden, auf dem er vergnügt hätte sein können."

Die Bemerkung markiert sehr genau, wo ein ursprünglicher Gleichklang von Antrieben und Wünschen zwei durchaus gegensätzliche Verhaltensmuster hervorbringt. Während Napoleon und gleichgestimmte Gemüter (wie etwa Beethoven) absichtsvoll nie ankommen wollen am Ort ihrer Sehnsucht, neigt Grillparzer dazu, übereilt und besorgt den Weg mit dem Ziel zu versöhnen. Zu den Phänomenen, die ihn ein Lebenlang beunruhigen, gehört das offene, entgrenzte Meer, die Vorstellung, schutz- und richtungslos zu treiben in solch unendlichem Raum, und so kommt es, daß er meist reglos steht und schaut und wartet, bis der eine oder andere Lichtstreifen aus fernen Horizonten auf sein Ufer fällt.

Trennungsschmerz

Zuletzt muß der Mann am Ufer dann doch zur Kenntnis nehmen, daß es dunkel wird um ihn. Die Geschichte verschlingt den Ort der Vertrautheit, weil Grillparzer das einzige schwächt, was diesen Ort erhalten könnte. In einer Art Bilanz bezichtigt er sich des Engen und Ängstlichen seiner Lebensführung, und das Tagebuch vermerkt schon früh: "Einer meiner Hauptfehler ist, daß ich nicht den Mut habe, meine Individualität durchzusetzen." Tatsächlich hat Grillparzers Phantasie etwas Gehemmtes und Verhaltenes; über ihr lastet, was der Autor in anderem Zusammenhang den "Fluch" des Hauses Habsburg nennt: "Auf halben Wegen und zu halber Tat / Mit halben Mitteln zauderhaft zu streben."

So besehen, ist auch Libussas große Utopie, die visionär auf ein neues "Goldenes Zeitalter" vorausdeutet, letztlich bloß Abgesang, Eingeständnis eines Scheiterns, das in eine vage Zukunft verlegen muß, was in die Geschichte nicht einzuholen ist. Wenn als Vermächtnis gelten kann, was Grillparzer durch den Mund Libussas verkündet, dann ist es das Vermächtnis eines tiefen Trennungsschmerzes:

> "Die Erde schwankt, der Boden steigt empor,
> Doch immer weiter, größer wird der Abstand.
> Ein dunkler Schmerz, er kriecht an meine Brust,
> Ich sehe nicht mehr, die mir angehören."

Neue Zürcher Zeitung, 11. 1. 1991

Rolf Michaelis

WELTMEISTER IM DAVONLAUFEN

Der vergessene Klassiker: Franz Grillparzer zum 200. Geburtstag
Wenig gelesen, kaum noch gespielt – und doch: ein kritischer Wegbereiter der Moderne

"Der Weg der neuern Bildung geht
Von Humanität
Durch Nationalität
Zur Bestialität."
(1849)

Will meine Zeit mich bestreiten,
Ich laß es ruhig geschehn,
Ich komme aus anderen Zeiten
Und hoffe in andre zu gehn."
(1860)

So heftig hat selten ein Mensch Nein zum Ja gesagt: Da ist er nun, im Sommer des Jahres 1826, in der Postkutsche unterwegs von Wien nach Weimar, wo er "den alten Dichterkönig sehen" will, "zu dessen Untertanen ich einmal gehörte". Und was schreibt der von Schlaflosigkeit und "starker Diarrhöe" gepeinigte Mann in das Tagebuch, das er in der Enge des rumpelnden Wagens auf den Knien hält: "Ich will wieder nach Hause."

Nach Hause? Aber von dem Zuhaus in Wien ist er doch davongelaufen. Der mit 35 Jahren noch junge, sich steinalt fühlende Erfolgs-Autor sieht sich in der Heimat nicht geliebt. Zwar ist sein 1823 von der Metternichschen Zensur verbotenes, hochpatriotisches Trauerspiel "König Ottokars Glück und Ende" 1825 zur Uraufführung freigegeben worden – einfach so, weil es der Kaiserin, die das Jamben-Drama auf dem Krankenlager las, nicht mißfallen hat –, aber es ist nach fünfzehn Vorstellungen abgesetzt worden, weil im Vielvölkerstaat der Habsburger die Tschechen ihren Nationalhelden Ottokar geschmäht wähnten.

Auch politisch fühlt sich der menschenscheue Aufklärer mit wachsenden reaktionären Neigungen verfolgt. Ganze acht Wochen ist er zu dem gehobenen Künstlerstammtisch im Gasthaus "Haidvogel" gepilgert, der sich – mit der Lust von Biedermännern an allem Verrufenem – "Ludlamshöhle" nennt: Schon hat die Geheimpolizei die Spießbürger-Höhle als vermeintliches Demokraten-Nest ausgeräuchert.

Und, ach, auch der Frauen anbetende, Frauen fürchtende Einsiedler fühlt sich aus der Heimatstadt Wien vertrieben. In einem ihm längst unerklärlichen Leichtsinn hat er sich in die Augen der jungen Katharina Fröhlich, seiner "Katti", verguckt und mit der Besitzerin dieser Kopfjuwelen verlobt: "Abends, wenns dämmert noch, / Steig ich vier Treppen hoch, / Poch ans Tor, / Streckt sich ein Hälslein vor, / Wangen rund, / Purpurmund, / Nächtiges Haar, / Stirne klar, / Drunter mein Augenpaar!"

Immer die Augen. Denn nun ist ihm, dem weiberfeindlichen Weiberfreund, in der Ballgasse ein fünfzehnjähriges Wiener Mädel in die Augen gefallen, Marie Smolk von Smolenitz – und schon ertrinkt er, durch Kattis Augen schauend, im Augensee der vergötterten Marie. Fast scheut man sich, die vier Reime zu zitieren, die dieser vor sich selber diskrete Anbeter am nächtlichen Schreibtisch gekritzelt hat, um schwarz auf weiß ein Glück festzuhalten, das er im Leben zu ergreifen nie das Herz gehabt hätte: "Und diese Siegeraugen / Hab ich besiegt gesehn, / Hoch über sich geschlagen / Feucht um Erbarmung flehn."

Da hockt er nun auf rumorendem Gedärm, in der stickigen Luft der Post-Chaise. Träumt sich zurück in "die Süßigkeit der Nähe bei Marien". Schaudert – trotz des "Fröhlich"-Namens – vor der lebenslang verlobten, nie geheirateten "Katti" ("... hält mich von der Heirat ab ... daß man sich voreinander waschen soll ..."). Kaut zähneknirschend am eigenen Namen: "Grillparzer. Der verfluchte Name hat mich immer geärgert. Derlei Namen kommen nicht auf die Nachwelt." Und denkt mit höhnischem Grinsen an das Pseudonym, das er sich, dem "Halb-Genie F.", gegeben hat: "Fixlmüllner".

So ein Versager – im Dichten, im politischen Leben, im Lieben – sollte es wagen dürfen, vor den "Dichterkönig" in Weimar zu treten? Hören wir den Seufzer der Erleichterung, mit der ein mehr seelisch als körperlich Versehrter ins Reisetagebuch krakelt: "Habe mir mit dem Barbiermesser den Zeigefinger der rechten Hand halb gespalten, muß daher mit der Schreiberei für einige Zeit aussetzen. Laus Deo" (Gott sei Lob und Dank).

Lob und Dank. Mit kaputter Poetenpfote kann man auch als Fixlmüllner/Grillparzer dem Dichter mit dem wie ein Echo Gottes klingenden Namen Goethe seine Aufwartung machen. Lob und Dank: Der da "als steifer Minister, mit einem Stern auf der Brust" unter den Gästen wandelt und "seinen Gästen den Tee gesegnet", den muß ein österreichischer Dichter nicht länger als "das Ideal meiner Jugend" verehren.

Heim also nach Wien, das sich weniger wie Katti als wie Marie buchstabiert. Schon sind die Pferde vor dem Hotel "Elephanten" angeschirrt – da überbringt Goethes Diener ein Billett mit der Einladung zum Mittagessen im Haus am Frauenplan. Als dort der siebenundsiebzigjährige Hausherr den Provinzler aus der Weltstadt Wien "an der Hand faßt, ins Eßzimmer führt und mit einem herzlichen Drucke an seine Seite hinsetzt", bricht der junge Gast – und Dichter-Kollege – "in Tränen aus". Der genaue Beobachter sieht noch, durch verheulte Augen, "daß ich im Eifer des Gespräches ... Brot krümmelte und dadurch unschöne Brosamen erzeugte. Da tippte denn Goethe mit dem Finger auf jedes einzelne und legt sie auf ein regelmäßiges Häufchen zusammen."

Der Krümel-Poet hat es Goethe so angetan, daß er ihn auf den Abend lädt, zu einem Gespräch unter vier Augen. Da kriegt es Grillparzer mit der Angst: "Ich fürchtete mich, mit Goethe einen ganzen Abend allein zu sein." Und läuft davon.

Immer ist er in Angst, mit jemandem, mit einer Jemandin, allein zu sein, gar einen ganzen Abend. Doch immer laufen diesem mürrischen Hagestolz mit dem bis ins Alter prächtigen Schopf die jungen, die jüngsten Mädel nach. Um von all den Henrietten, Karolinen, Charlotten, Theresen nur sie noch zu erwähnen, Heloise Hoechner. Achtzehn Jahre alt ist sie, als sie den seit langem verehrten Dichter sieht. Wieder sind es die Augen, in die der gerade doppelt so alte, sich als Greis fühlende Dichter träumt – mit Versen, in deren Schlichtheit etwas von der Erschütterung nachzittert, die beide erlitten haben: "Wie schön sie war! Die bräunlich blonden Flechten / Bedeckt vom Strohhut mit dem breiten Rand ... / Das Auge, feurig kaum – denn Feuer drohte – / Nicht blau, nicht braun, fast fürcht ich, eher grau: / Und doch, hob sich der Wimper weiche Seide, / Und richtete der Stern sich heimatwärts, / In warmen Strahlen lächelnd wie die Freude, / In feuchtem Taue schwimmend wie der Schmerz."

Schwer wird es dem Leser, sich an poetischer Verklärung dieser "Begegnung" (so der Titel des Gedichts) zu freuen, wenn man die Rufe vernimmt, mit denen die junge Frau auf hingehuschten Zettelchen um Hilfe, nein: nur um einen Augen-Blick des Wiedersehens fleht – am 7. Oktober 1834: "Es ist 6 Uhr kaum, und dennoch treibt mich, obgleich krank die Unruhe aus dem Bette ... Ich benützte den Augenblick wo alles schläft, um endlich, denn viele Briefe schrieb ich schon und vernichtete sie wieder, meinen Gefühlen Worte zu geben. Sie ließen meine Zeilen, die treue Schilderung meiner quälenden Schmerzen, meines gekränkten Herzens unbeantwortet ... So bitte ich Sie mir Mittwoch um 11 Uhr einige Zeilen zu schicken, ich werde um diese Stunde in der Küche sein, so daß nur ich Ihre Zeilen übernehmen kann ..." Und am 1. November 1834: "Ich verspreche, *nie* die Gelegenheit aufzusuchen Sie zu sehen außer es wäre Ihr Wille ..."

Da vergeht einem die Lust, noch einen Gedenkaufsatz – jetzt zum 200. Geburtstag – zu schreiben. Seit mehr als hundert Jahren diese allmählich beängstigenden Aufrufe: Man sollte, man müßte doch, weshalb spielen die Theater ihn nicht, wieso wollen die Leute nichts wissen von Grillparzer ...

Herrgott, Fixlmüllner, sag doch was.

Grillparzer räuspert sich und sagt: "Nein!" Ungeheurer Augenblick: Der als Opportunist geschmähte Schriftsteller und Staatsbeamte im Finanzministerium hat sich – wie fast bei allem, was er öffentlich tut – gegen seinen Willen in die Künstlergesellschaft Die Grüne Insel bequemt. Dort wird ihm zum 70. Geburtstag Lob gehudelt. Der Direktor des Burgtheaters, Heinrich Laube, fragt am Schluß seiner Laudatio: "Hab' ich die Wahrheit gesprochen?" Der Jubilar antwortet "sehr ernst und laut: 'Nein!'"

Dieses von dem ewigen Mitläufer Grillparzer kaum zu erwartende "Nein!" wollen wir uns gut merken. Vielleicht ist er doch nicht der Ja-Sager, der gut österreichische Ja-aber-Sager, als den wir uns diesen widerspenstigen Dichter-Mann zurechtgemodelt haben?

Ja, immer läuft er davon, wenn es gälte dazubleiben. Da ist der "unentgeltliche Praktikant" der Hofbibliothek, der "Konzeptspraktikant" der Hofkammer, also der Finanzdeputation, 1832 aufgestiegen gar zum Direktor des Hofkammerarchivs – und was widerfährt ihm gleich, oder, um es in der Sprache der Seelen-Forscher Sigmund Freud / Georg Groddeck zu sagen: was inszeniert das Unterbewußte dieses nur widerwillig in Akten stöbernden Beamten? Wie der Bücherwurm auf dem Gemälde seines Biedermeier-Zeitgenossen Carl Spitzweg steht der Direktor in seinem Museum verstaubter Dokumente hoch auf der Leiter, da wird er "von der Schwere des beinahe 50 Pfund schweren über meinem Kopfe stehenden Faszikels aus dem Gleichgewichte gebracht" und stürzt "von der obersten Sprosse der Leiter die ganze Höhe des Archivsaales, also doch mindestens 5 Klafter hoch herunter". Und bricht sich bei diesem "hochsymbolischen Akt", wie der kluge Biograph Heinz Politzer diesen Fall deutet, naturgemäß, kein Knöchelchen.

Und dann ist es soweit. Wonach das Herz dieses Lehnstuhl-Hockers und gemächlichen Tafelspitz-Kauers lechzt – Aufruhr, Krach, Revolte: Jetzt ist sie da, die Revolution. Schon 1830 erhitzt sich das Blut dieses Quietisten bis zu dem Grad, "mich für eine interessante Sache totschießen zu lassen". Als im März 1848 Arbeiter und Studenten auf dem Ballhausplatz zusammenströmen und nach Abschaffung der Zensur, nach Freiheit rufen, da hätte der liberale Dichter "jeden einzelnen küssen mögen". Als Soldaten "mit dem Bajonett auf die jungen Leute losgehen ..., verließ ich das Fenster". Wieder einmal läuft er davon.

Hat dieser bedächtige Feuerkopf nicht immer schon für Freiheit gelodert? Ja, den scharfsinnigen Aufsatz gegen die Zensur hat er doch lieber, vorerst, im Schreibtisch verschlossen. Aber unter die "Denkschrift über die gegenwärtigen Zustände der Zensur in Österreich" hat der Staatsbeamte im März 1845 tapfer sein Grillparzer gemalt. Als Metternich die Petition von 99 Künstlern und Gelehrten zurückweist und der Aufruf im "Ausland" veröffentlicht wird, erschrickt der Hofkammerarchivdirektor, vor allem weil sein Name, wie der eines Rädelsführers, an erster Stelle steht (die Vorunterzeichner, bänger noch als Grillparzer, hatten ihre Namen ausradiert).

Überhaupt: Wenn Demokratie zur Gleichmacherei würde, wenn gar das Habsburger Reich zerfiele, will der dichtende Beamte die Hand dazu nicht geliehen haben. Also läuft er wieder einmal davon. Setzt sich hin und schreibt im Juni 1848 das berühmt-berüchtigt gewordene Gedicht auf den "Feldmarschall Radetzky", der die Aufständischen zusammenkartätscht, mit den Trompeten-Versen: "Glück auf, mein Feldherr, führe den Streich! / ... In deinem Lager ist Österreich."

Natürlich hat der Dichter es wieder einmal so nicht gemeint. Geknickt kehrt er von der Begegnung mit dem Feldmarschall in sein Austrags-Stübchen bei Kathi Fröhlich und ihren Schwestern in die Spiegelgasse zurück und schluchzt ins Tagebuch: "Nach all dem Geschreibe, Gepreise und Gerede über jenes, für Östreich wenigstens, historisch gewordene Gedicht, hatte ich mir den Marschall Radetzky wenigstens warm vorgestellt. Er hat mich auch wirklich umarmt, geküßt, hat geweint, aber trotz dieses Rührungs-Beiwerks war die Mitte leer und kalt."

Man muß gar nicht an jene Schriftsteller der DDR denken, die unter der Zensur geächzt haben, den Staat, der sie zu Sklaven machte, aber doch nicht gern aufgelöst sehen wollten, um die Modernität dieses reimenden Intellektuellen zu spüren. Gerade in seinen Widersprüchen spricht Grillparzer zu uns. Ein "Zerrissener" – nur nicht so komisch wie der Titelheld von Nestroys Posse mit Gesang aus dem Jahr 1844 (dessen Herzdame auch Kathi heißt).

Eines hat der oft als Klassizist und Weimar-Epigone gescholtene Poet vielen seiner Zeitgenossen voraus – und das weckt, bei allem Widerstreben, Interesse, ja Faszination: Grillparzer hat schon den modernen Blick, der die Katastrophe nicht von draußen erwartet, von andern, sondern von innen, von uns selber.

Welcher Schock könnte es sein, wenn Grillparzers spätes, großes Staatsdrama, "Ein Bruderzwist in Habsburg", endlich gespielt, ach was: gewagt würde. Es ist ein Kaiser, der vor lauter Wissen zum Regieren schon nicht mehr taugliche Rudolf II., den Grillparzer seine Warnung verkünden läßt: "Ich sage Dir, nicht Scythen und Chazaren, / Die einst den Glanz getilgt der alten Welt, / Bedrohen unsre Zeit, nicht fremde Völker: / Aus eignem Schoß ringt los sich der Barbar."

Die Zeit, 11. 1. 1991

Lorenz Mikoletzky

EIN DICHTER DER LETZTEN DINGE

Er nahm, in der Tradition eingebettet, Künftiges vorweg

Franz Grillparzer wurde am 15. Jänner 1791 in Wien, Stadt 585 (heute Bauernmarkt 10), als ältester von vier Söhnen des Ehepaares Wenzel und Anna Franziska Grillparzer geboren. Des Vaters Familie stammte aus Oberösterreich, die Mutter, eine geborene Sonnleithner, aus Wien. Franz sollte, ebenso wie sein Vater, Advokat werden und belegte auch nach Besuch des Annagymnasiums und eines philosophischen Lehrganges – der seinen Interessen an Religion, Geschichte und auch "Beredsamkeit" sehr entgegenkam – schließlich zwischen 1807 und 1811 Vorlesungen der juridischen Fakultät der Universität Wien.

Relativ früh war er auch schon mit der Welt des Theaters in Berührung gekommen, und hier war es Mozarts "Zauberflöte", die seine Phantasie sehr anregte. Diese Märchen- und Feenwelt des Barocktheaters und die Alt-Wiener Tradition des Volkstheaters ließen ihn eigentlich sein ganzes Leben nicht los, und daraus resultierte auch die Idee, selbst ein Opernlibretto zu verfassen: "Melusina" (1826 vollendet) sollte von Beethoven vertont werden. Dieser verstarb jedoch, ohne daß die Zusammenarbeit greifbarere Formen angenommen hätte, und Conradin Kreutzer nahm sich dann des Werkes an.

Grillparzers erstes Gedicht ist aus dem Jahr 1804 überliefert, und seine frühen Arbeiten, wie "Die Schreibfeder" oder "Wer ist schuldig?", orientieren sich an Lessing und Goethe, die der Jugendliche ebenso las wie Ritterromane, Heiligengeschichten oder die Erzählungen aus Tausendundeiner Nacht.

Selbstmord des jüngsten Bruders und der Mutter

Seine erste größere dramatische Arbeit "Blanka von Kastilien" reichte Grillparzer 1810 beim Hofburgtheater ein, wo sie jedoch abgelehnt wurde. Das Stück sollte erst 1958 seine Uraufführung erleben. Politik und Liebe waren hier eng verwoben worden, Probleme, mit denen sich der Dichter auch in Zukunft beschäftigen sollte.

Nachdem 1809 sein Vater unter Hinterlassung großer Schulden gestorben war, mußte Franz durch Nachhilfestunden und Erziehertätigkeit im Hause des Grafen Seilern die Familie ernähren. Im Februar 1813 übernahm er eine unbesoldete Praktikantenstelle an der Hofbibliothek, einer Institution, zu der er im Laufe seiner Beamtenkarriere immer wieder zurückkehren wollte, nachdem er ab 1814 in den staatlichen Finanzbereich gewechselt war. Aus diesen Jahren liegen zahlreiche Dramenversuche vor, von denen die meisten aber nicht über einzelne Akte hinaus gedeihen sollten. Mit dem 1815 erfolgten Eintritt als Konzeptspraktikant in die Allgemeine Hofkammer und der damit verbundenen Dienstentschädigung von 400 Gulden im Jahr schien zumindest die finanzielle Notlage der Familie gebannt.

Daß Grillparzer im Jahr darauf Josef Schreyvogel, den Burgtheatersekretär, kennenlernte und in ihm einen behutsam klugen Mentor fand, ist als weiterer Glücksfall zu betrachten. Ihm erzählte er von seinem "Familiendrama": "Die Ahnfrau", in dem es um Blutschande, Schuld und Sühne geht und das unter der Mithilfe Schreyvogels am 31. Jänner 1817 im Theater an der Wien zur Uraufführung kam. Die Reichshaupt- und Residenzstadt an der Donau hatte nach langer Zeit ein Theaterereignis ersten Ranges und vor allem wieder einen "eigenen" Dichter.

In der kurzen Zeit von drei Wochen entstand "Sappho", die 1818 als erstes der nunmehr bis 1838 folgenden Stücke am Hofburgtheater uraufgeführt wurde und gleichzeitig dem Dichter die Bestellung zum Hoftheaterpoeten brachte. Auch bei seiner nächsten Arbeit blieb Grillparzer thematisch in der Antike: "Das Goldene Vließ" entstand als Trilogie, wobei "Der Gastfreund" und "Die Argonauten" 1821 an einem Abend und "Medea" am nächsten uraufgeführt wurden.

Zwischen Arbeitsbeginn und -ende lag der Selbstmord des jüngsten Bruders aus Angst, "ein schlechter Mensch" zu werden, und der der unter religiösen Depressionen leidenden Mutter. Diese beiden Ereignisse belasteten Grillparzer ungemein, und auf Anraten der Ärzte suchte er um einen längeren Urlaub an, der ihn schließlich bis nach Rom und Neapel führte.

Ein bei der Betrachtung des Kollosseums entstandenes Gedicht: "Die Ruinen des Campo Vaccino" brachte den Verfasser wegen des "dezenten Hohns, mit dem das Christentum bedacht und als die Ursache für den Untergang des Römischen Reiches verantwortlich gemacht wurde", mit der heimatlichen Zensur in noch lange nachwirkende Schwierigkeiten, ebenso wie Grillparzer als Mitglied der geselligen Männergesellschaft "Die Ludlamshöhle" 1826 in einen weiteren unerfreulichen Kontakt mit dem Polizeistaat Metternichs geraten sollte.

1823 war der Dichter zum Hof- und Ministerial-Konzipisten ernannt worden und ging um diese Zeit auch an seine nächste dramatische Arbeit: "König Ottokars Glück und Ende", ein patriotisches Stück zur Etablierung des Hauses Habsburg in Österreich, das nach verschiedensten Zensurschwierigkeiten 1825 auf die Bühne kam, jedoch nach Protesten gegen die angebliche Verunglimpfung des böhmischen Königs vom Spielplan verschwinden mußte. Und doch ist es vielleicht des Dichters "populärste" Arbeit, die nicht nur bei Feierlichkeiten (Burgtheater-Wiedereröffnung 1955 oder Grillparzer-Jubiläum 1991) aufgeführt wird.

Gleichsam ein Auftragswerk war "Ein treuer Diener seines Herrn", das zur Krönung der österreichischen Kaiserin zur Königin von Ungarn gedacht war. Erst Jahre nach dem geplanten Datum wurde es fertig (1828), nicht gerade goutiert als Weihespiel, da hier eine Königin von ihren empörten Untertanen umgebracht wird.

Schwieriges Verhältnis zu Frauen

Während es Grillparzer ausgezeichnet gelang, Frauengestalten für die Bühne zu formen, war sein persönliches Verhältnis zum weiblichen Geschlecht eher gestört. Ein Biograph bezeichnet diese Problematik als "Irrklang der Seele". Nach verschiedensten Lieb- und engeren Bekanntschaften, die jedoch nie zu einer festen Bindung führten, fand er in Katharina Fröhlich, der er erstmals im Winter 1820/21 begegnete, eine ihn bis an das Lebensende treu begleitende und umsorgende Gefährtin. Von 1849 an, nach insgesamt achtzehn Umzügen im Laufe der vergangenen Jahrzehnte, nahm er im Haus Innere Stadt 1097 (heute Spiegelgasse 21) im vierten Stock bei ihr und ihren Schwestern Quartier, seine "ewige Braut" als Freundin behandelnd.

1828 hatte Grillparzer, in eine polnische Geschichte gekleidet, seine Erlebnisse mit einer verheirateten Frau geschildert und was er damit ihrem Gatten antat: "Das Kloster bei Sendomir", von Gerhart Hauptmann später zur Grundlage seines Dramas "Elga" genommen.

Nach einer großen Deutschland-Reise 1826, die ihn nach Dresden, Berlin, Leipzig und Weimar führte, wo er mit Goethe zusammentraf, einer Begegnung voller Hemmungen auf seiten des Österreichers, ging Grillparzer an die Vollendung des unter größeren Mühen und mit vielen Unterbrechungen entstandenen Dramas "Des Meeres und der Liebe Wellen". Im Gegensatz zu den vorangegangenen Stücken gefielen dem Publikum bei der Uraufführung 1831 lediglich die ersten drei Akte, während der vierte und der fünfte Aufzug nicht so ankamen.

An allen seinen dramatischen Arbeiten saß der Dichter mehrere Jahre, las sehr viel Literatur zum Themenkreis, machte sich zahlreiche Notizen. Lange Zeit beschäftigte er sich mit der englischen Literatur, brachte sich die einschlägigen Sprachkenntnisse ebenso selbst bei, wie er dies auch für die Lektüre der spanischen Autoren machte.

Aus dem Interesse für Calderon und Lope de Vega entstand (seit 1817) das dramatische Märchen "Der Traum, ein Leben", in dem auch die Erinnerung an das Volkstheater und an Emanuel Schikaneder Verarbeitung erfuhr: Der 4. Oktober 1834 brachte dem seit zwei Jahren als Archivdirektor der Allgemeinen Hofkammer Wirkenden einen ganz großen Theatererfolg. Die Nachwelt bewundert bei diesem "Traum"-Stück seine vorausweisende Meisterschaft "der tiefenpsychologischen Erkenntnisse" (Hoff/Cermak).

1836 reiste Grillparzer nach Frankreich, wo er unter anderem Heinrich Heine traf, und England und begann unmittelbar nach seiner Rückkunft mit der Arbeit am Lustspiel "Weh dem, der lügt". Zwei Jahre später fiel dieses Stück, das sich mit dem Problem der Wahrheit und des Dichters Kampf gegen jede damals in Mode seiende Deutschtümelei auseinandersetzte, total durch.

Von diesem Zeitpunkt an schrieb er nichts mehr für die Öffentlichkeit und ordnete in seinem ersten Testament auch die Vernichtung aller nachgelassenen Schriften an, einen Punkt, den er in einer Neufassung seines Letzten Willens jedoch widerrief.

Hohe Ehrungen in den Altersjahren

Ein Leben lang hat Grillparzers Interesse an der Antike nicht nachgelassen, und so schenkte er sich zum fünfzigsten Geburtstag selbst eine Reise nach Griechenland und Konstantinopel, die er 1843 antrat, aber wegen des griechischen Aufstandes vorzeitig abbrechen mußte.

Vier Jahre später ging er nochmals, zum letzten Mal, auf eine größere Tour: München, Regensburg, Nürnberg, Leipzig und Hamburg standen auf dem Programm. Im selben Jahr wurde er zu einem der ersten Mitglieder der eben gegründeten Akademie der Wissenschaften ernannt, und dieser Tatsache ist eine informative "Selbstbiographie" zu verdanken, die er auf Wunsch dieser Institution zu verfassen hatte.

Selbst ein Betroffener des Metternichsystems, wäre zu erwarten gewesen, ihn auf seiten der Aufständischen des Jahres 1848 zu finden. Dem war aber nicht so. Er äußerte sich zwar seit langem schon in seinen Gedichten und Aphorismen zur politischen Situation, widmete dem

Feldmarschall Radetzky eines seiner bekanntesten Gedichte, fürchtete aber doch auf Grund des sich aus dem Kampf gegen den Absolutismus immer stärker entwickelnden Nationalitätenaufruhrs für das Bestehen der Monarchie: "Auf die Masse soll der Dichter wirken, mit der Masse nie."

Im Revolutionsjahr schloß er auch seine zweite Novelle unter dem Titel "Der arme Spielmann" ab, in der er Teilen seiner Heimatstadt (der Inneren Stadt, dem Augarten, der Leopoldstadt, dem Prater und vor allem der Brigittenau mit ihrem Kirtag) ein literarisches Denkmal setzte.

Drei Dramen vollendete Grillparzer noch nach dem Debakel mit "Weh dem, der lügt", eines blieb Fragment:

"Ein Bruderzwist in Habsburg" gibt in der Charaktertragödie Kaiser Rudolfs II. in vielem ein Selbstporträt des Dichters; "Die Jüdin von Toledo", das dritte spanische Thema, stellt wieder Liebe und Staatsraison in den Mittelpunkt des auch den Antisemitismus behandelnden Dramas; "Libussa" schließlich wurde zu einer seiner persönlichsten Arbeiten. Alles, was der Autor im Laufe der Jahre über Mythos und Religion, Philosophie und die Kräfte der Seele, zu Staat, Recht, Besitz und Herrschertum gedacht hatte, wurde in die Geschichte der Gründerin Prags eingebracht.

Zwei vollendete Akte und einen unvollendeten, so liegt "Esther" vor, die freie Bearbeitung des gleichnamigen Buches aus dem Alten Testament. Das Fragment wurde bei der Totenfeier des Dichters aufgeführt.

Trotz seines Rückzuges von der Bühne war Franz Grillparzer von der Öffentlichkeit nicht vergessen worden. Schon ab 1851 begann das Hofburgtheater unter der Direktion Heinrich Laubes mit der Neueinstudierung aller bis dahin gespielten Werke des Dichters, dem selbst, vor allem nach 1848, Ehrung auf Ehrung zuteil wurde. War ihm 1851 der Leopoldorden verliehen worden, so wurde er zwei Jahre später Ritter des bayerischen Michael- und des neugegründeten Maximilianordens, erhielt anläßlich seiner Pensionierung 1856 den Titel eines Hofrates und wurde 1859 Ehrendoktor der Universitäten Wien und Leipzig. 1861 ernannte ihn der Kaiser zum Mitglied des Herrenhauses, eine Funktion, die er nur ab und zu wahrnahm (etwa bei der Einschränkung des Konkordates im Jahre 1868). 1864 wurde Grillparzer Ehrenbürger Wiens. Im Jahr darauf erreichte ihn eine Auszeichnung, die ihn besonders freute: das Großkreuz des mexikanischen Guadelupe-Ordens, verliehen von Kaiser Maximilian von Mexiko. Zu seinem 80. Geburtstag stellten sich die Universitäten Graz und Innsbruck mit Ehrendoktoraten ein und Franz Joseph mit dem Großkreuz des nach ihm benannten Ordens.

Differenziertheit der Seele des modernen Menschen

Ohne krank gewesen zu sein, verstarb Grillparzer am 21. Jänner 1872 und wurde auf dem Währinger Ortsfriedhof in der Nähe Beethovens, dem er 1827 die Grabrede gewidmet hatte, und Franz Schuberts begraben. Nach der Auflösung der Begräbnisstätte wurden seine sterblichen Überreste 1879 auf den Hietzinger Friedhof umgebettet.

1872 erschien die erste Werkausgabe in zehn Bänden und ab 1909 edierten August Sauer und in seiner Nachfolge Reinhold Backmann im Auftrag der Stadt Wien die historisch-kritische Gesamtausgabe der Arbeiten Franz Grillparzers. Dem Dichter verpflichtet ist auch die am 21. Jänner 1890 gegründete "Grillparzer-Gesellschaft", die sich "die Verbreitung der Kenntnis von Franz Grillparzers Persönlichkeit und Werk in Verbindung mit der Pflege einer eigenständigen österreichischen Literatur sowie die Förderung der auf diesem Gebiet sich betätigenden Forschung" zum Ziel gesetzt hat. 1889 wurde im Wiener Volksgarten das von Carl Kundmann (Plastik) und Rudolf Weyr (Reliefwand) gemeinsam gestaltete Denkmal des Dichters enthüllt.

Franz Grillparzer ist mit allen seinen dramatischen Arbeiten, ob vollendet oder fragmentarisch erhalten, eingebettet in die große Theatertradition Österreichs, die schon im späten Mittelalter einsetzt, mit der barocken Theaterkunst, der Oper und dem Volksstück ganz Großes leistete und bis in die Gegenwart reicht. Anregungen schöpfte der Dichter aus den großen Dramen der Antike, Spaniens und der deutschen Dramatik der Goethezeit, sie in seine einheitliche Kunstform zusammenschmelzend.

Aber auch die Moderne mit dem Positivismus, mit der psychologischen Differenzierung des Menschenbildes, das Künftige vorwegnehmend, findet man in der Dichtung des Wiener "Klassikers". Besonders seine Sprache entfaltet reichste Möglichkeiten für die Differenziertheit der Seele des modernen Menschen. Er gestaltet auch Kulturgegensätze in der Sprache; die Entgegenstellung verschiedener Welten, wie er es oftmals auf die Bühne brachte, wirkt sich bis in Sprachnuancen aus.

Politisches Vermächtnis

"Ich rede nicht wo Jeder spricht, / Wo alle schweigen, schweig ich nicht. / Weh euch und mir, wenn je von uns ich wieder singe, / Ich bin ein Dichter der letzten Dinge", stellte Grillparzer 1853 fest, und vielleicht hatte Hugo von Hofmannsthal recht, wenn er 1915 über "Grillparzers politisches Vermächtnis" unter anderem folgendes meinte: "Er war ein Spiegel des alten, des mittleren Österreich: wenn das neue in ihn hineinsieht, kann es gewahr werden, ob es nicht etwa ärmer geworden ist, ob wir nicht etwa an Gehalt verloren haben und an Seelenwärme. Ob, wenn schon sein Tadel auch uns zu treffen vermag – doch auch sein Lob noch immer gerechtfertigt ist – und für wen? Sein Stolz, sein Zutrauen noch immer begründet – und auf wen?"

präsent, 10. 1. 1991

Günther Nenning

DIE WELT WIRD GRILLPARZERISCH

Günther Nenning hält unseren Nationaldichter für einen unentdeckten Heros der Postmoderne.

Zu der vielfältigen Kriminalität des österreichischen Bildungswesens gehört, daß schon den Kindern unser Nationaldichter vermiest wird. Grillparzer ist als Unterrichtsgegenstand ungeeignet. Damit er gelesen wird, gehört er verboten.

Zumindest in den höheren Niederungen der österreichischen Literaturszene ist es soweit. Grillparzer zu mögen, ist widerprogressive Unzucht. Finde ihn attraktiv, und sie stempeln dir ein großes R wie reaktionär in den Fortschrittspaß. Welch Spaß! Literatur gedeiht am besten unter mäßiger Verfolgung. In diesem Zeichen wird das Grillparzer-Jahr 1991 stattfinden, indem es gar nicht stattfindet. Während der zarte Mozart zu Tode geschunden wird von den Schergen des Fremdenverkehrs, genießt der robuste Hypochonder Grillparzer zu seinem 200. Geburtstag das höchste Ziel seines Grants: er wird mehr oder minder in Ruh gelassen. (Grant definierte ich für jene, die nur mehr wissen, was Blues ist: "Zur Psychologie Österreichs ist die Biographie Grillparzers unentbehrlich ... Grant ist (s)eine gesellschaftlich akzeptierte Grundhaltung, durch stete Zurückweisung dargebrachter Liebe diese immer mehr zu steigern durch immer mehr Grant, um dadurch zu immer mehr Liebe zu gelangen in aller Ruh ...")

Nein, doch keine Ruh.

Die "Libussa" am Volkstheater wird er leicht aushalten, auch den "Ottokar" an der Burg. Er hatte ja die Altersgewohnheit, bei seinen Aufführungen nie anwesend zu sein. Sollte er auch diesmal nicht anwesend sein, wird's garnet auffallen.

Aber aus Hamburg, dem nebligen, kommt Kunde, daß ausgerechnet dort der Grillparzer-Preis – den wir vor 18 Jahren eingehen ließen, im okkulten Einverständnis mit Grillparzer, dem die ewige Gschaftlhuberei widrig gewesen wäre –, daß also mit deutscher Geschäftigkeit der Preis wiederbegründet und gleich auch verliehen wird an Peter Handke, fürwahr ein Grillparzerianer.

Den falschen Preis kriegt der Richtige. Der deutschgewordene Preis bleibt in der Verwandtschaft, das zumindest. Neudeutsche Chuzpe: der sanfte Anschluß.

Vorsorgliches Mißtrauen melde ich gehorsam auch gegen reisende Professionalisten, sollten sie – nach dem Uraltrezept "Hamlet im Frack" oder dem neueren "Kriemhild im Cocktailkleid" – verdächtige Altgenies solange umpudern, bis was Originelles herauskommt, nämlich der Herren eigner Geist, in dem die Zeiten sich bespiegeln.

Grillparzer, und zwar gefälligst so, wie er ist, ist mein Liebling, und sollte man's diesem Text anmerken, wird es mir herzlich recht sein. Grillparzer war der politischeste Kopf seines Jahrhunderts, gemeinsam mit den ihm unverwandten Politikern Marx, Nietzsche, Kierkegaard. Die Zeiten sind zu ernst, als daß man objektiv sein könnte.

Reaktionär – lehrt uns der vernünftige Marx – heißt, das Rad der Geschichte zurückdrehen wollen. Vernünftigeres als das gibt's gar nicht, wenn das mysteriöse Rad der Geschichte pfeilgrad auf den Abgrund zurollt. Die Altvernünftler haben Grillparzer als reaktionär abgestempelt, und sie haben wahrhaft recht.

Grillparzer hatte, vernünftig wie er war, Angst vor dem Neuen, als welches sich das heraufziehende politische, ökonomische, ökologische Verhängnis ihm durchschaubar verkleidete.

Grillparzer hatte den prophetischen Grant gegenüber höherer Dummheit: Tumbheit, Dumpfheit der Sinne: nichts sehen, obgleich die Apokalypse sich schon offenbart; nichts hören, obgleich der Höllenlärm der Fortschrittssattelschlepper schon donnert; nichts reden als das Nadelstreif-Esperanto der Hinmacher.

Grillparzers Angst vor dem Neuen war hochberechtigt, das Neue erwies sich als rasende Unvernunft. Er hat recht bekommen. Das Neueste ist nicht der Nationalstaat, sondern das Inter-Nationale altösterreichischen Stils; nicht der zentralistische Größenwahn, sondern die aus historisch gewachsener Unlogik blühende Schönheit des europäischen Fleckerlteppichs.

Aus dem lärmigen Fortschritt, der den Globus verseucht, ergibt sich unmittelbar einsichtig das Grillparzersche Postulat von Stillstand und Stille.

Das Alte, das Grillparzer wollte, ist jetzt das Neue, Vernünftige. Das Neue, das er fürchtete, ist jetzt das Alte, Dumme.

Grillparzer wie Grillparzerpreisträger Handke haben den gemeinsamen Grant gegen die Fortschrittsteppen; die Liebe zum Verwinkelten; die umgekehrte Gravitation: das Angezogenwerden nicht vom Großen, sondern vom Kleinen: und wenn's vorne schrecklicher ist als hinten, das Zurückbleiben als gesundes Fortbewegungsprinzip.

Alle guten Geister Österreichs erklären sich aus dessen geistiger Zurückgebliebenheit. Unübertroffen zeichnet dies Ernst Fischer in seinem Band "Von Grillparzer bis Kafka". Immer lauert im Hintergrund die vermaledeite alte Monarchie: "christliche Türkei" nannte sie Grillparzer liebevoll. Wollen wir nicht endlich austreten aus Österreich und hinein in die EG, mit G wie Germanisch. Mach ma endlich an Schluß. Anschluß.

Das war immer das Problem der Österreicher: sich anzuschließen, ohne sich anzuschließen – hat schon Hebbel bemerkt, beifügend, pedantisch, das sei "als wenn zwei, die sich küssen wollten, sich dabei den Rücken zuzukehren wünschten". Na genau das hat Grillparzer getan, den Deutschen den verlängerten Rücken zuzukehren.

Freilich unter unsittlichem Bestehen auf gleichzeitigem Küssen – deutsche Sprache und Literatur sei unentbehrlich, und verhaßt nur die deutsche, nein, preußische Zentralstaatlichkeit (genauso übrigens Gottfried Keller für seine Schweiz).

Ernst Fischer erklärt Grillparzer perfekt. Ein Produkt des vor sich hinsterbenden alten Österreichs. Zwischen zwei Welten: hie dieses alte Österreich, mit vielen Nationalitäten und wenig Lust zur industriellen Gesellschaft; da diese Industriegesellschaft, Inbegriff von Revolution, kapitalistischer wie kommunistischer Aufgeklärtheit, Vernunft.

Der vertrackte Zusammenhang: Grillparzer, ein aufgeklärter Mann, wäre gar nicht gegen die Revolution, wenn sie ihm nicht sein geliebtes Österreich auseinandersprengte. Er wäre gar nicht für dieses reaktionäre Österreich, könnte er durch Reform ein neues kriegen, statt gar keins.

"Vom Schicksal bezeichnet mit: halb" – notiert Grillparzer über sich, seine Zeit, sein Österreich. Er, der ganze Dichter, ist politisch halbiert. Er ist liberal, aber konservativ. Er ist konservativ, aber liberal.

Ernst Fischer ist sicher gescheiter – klare Linien zeichnend und große Zusammenhänge – als die meisten Germanisten, einander zitierende Ameisen auf dem Riesenleib Grillparzers, im Herumkrabbeln teilen sie einander ihre Entdeckungen mit: "Er ist 19. Jahrhundert." "Nein, ganz modern, früher Schüler Freuds." – "Ein altösterreichischer Reaktionär." – "Nein, Aufklärer, Josephiner, Humanist, Grüner."

Die Erklärung des Dichters aus den gesellschaftlichen Verhältnissen hinterläßt, nach genossenem Aha-Erlebnis, ein Nichts. Nachdem alles erklärt ist, bleibt boshafterweise der Erklärte erst recht übrig als mysteriöses Wesen: als Dichter, der uns was gibt, über die Zeiten, Klassen, Jahrhunderte hinweg. Dieser alte Grillparzer, dieses ganze alte Österreich – stets Ärgernis für alle Fortschrittsfreunde – hat eine verblüffende *Modernität*, oder Postmodernität, hochaktuelle Garnichtmodernität.

Grillparzer ist ein Heros der Postmoderne. Sie weiß es nur nicht. Gott sei Dank. Die spezifische Modernität Österreichs – "vom Schicksal bezeichnet mit: halb" – ist genau die Modernität der Moderne überhaupt: ihre beständige Halbierung zwischen aufgeklärt-liberal und romantisch-konservativ. Daher ist es durchaus nicht zufällig, daß in Wien, der aufstrebenden Metropole des absterbenden alten Österreichs, die Moderne eine ihrer wichtigsten Wurzeln hat – an der sich die Kulturhistoriker in aller Welt bis heute ihre Zähnchen ausbeißen. Sie sind halb blind, halb ahnungsvoll, jedenfalls fasziniert. Naja, fürn gehobenen Fremdenverkehr reicht das ja auch.

Grillparzer hatte "kindische Liebe" – so nannte er's, sich selbst karikierend – zum Heimatgebilde aus gemischten Nationalitäten und Absurditäten; gemischt auch aus aufgeklärter Bürokratenvernunft und ästhetisch ansprechendem Durcheinander, als wesentlichem Ergebnis dieser Bürokratenvernunft; absurd auch, weil Großreich, aber voll Skepsis gegen Größe, Hang zur Idylle, anti-industriell und pro-agrarisch.

Das alles sah er – von den Kettenrändern des Fortschritts überfahren, unausweichlich, ohne Alternative. Das ist der Realismus seiner Romantik, die historische Unterlage seines Grants. Er sah (Libussas Prophetie) die Bäume "gefällt zu niedrigem Gebrauch"; den Planeten "durchwühlt vom Eigennutz"; den Staat, "der jedes einzelne in sich verschlingt"; den Menschen, der "ausbeutet, was die Welt an Nutzen trägt ... Doch an die Grenzen seiner Macht gelangt ... wird er die Leere fühlen seines Innern."

Aus dem Programm der "Grünen", gäbe es sie oder es.

Grillparzers Alternative – das Verbleiben beim Alten – war keine.

Und jetzt sagt die Geschichte Ätsch zu Grillparzer und seinen Mitmarxisten (denn im Glauben an den unausweichlichen Fortschritt war er Marxist, Antimarxist im tiefen Widerwillen dagegen.).

Das Begräbnis des Alten, Bunten, Grünen, Kleinen, Stillen – es findet statt und nicht statt. Die Geschichte läuft nicht mehr, wie zu Grillparzers Zeiten, ein-, sondern zweispurig: Neben dem alten, blödsinnigen Vorwärts, gibt's ein alternatives mögliches Rückwärts vor dem Abgrund.

Wo nicht im eh kaputten alten Sozialismus, so doch im flexiblen, lebenszähen alten Kapitalismus findet das Ökologische – ein Sammelbegriff für alles Grillparzerische! – eine Verwirklichungstendenz: Man kann, außer mit Fortschreiten und Zerstören, auch mit Bewahren und Reparieren sich goldene Kapitalistennasen verdienen.

Ernst Bloch definierte die Utopie als das, was "deutlich vorausdämmert". Es ist die bescheidenste Form der Voraussicht, denn wenn's schon deutlich ist, wenn die historische Entwicklung drauf schon zuläuft – kann ja jeder prophetisch Begabte sich seinen Reim drauf machen. Er geht schon auf Nummer Sicher; wie ja überhaupt dem Marxismus, auch und gerade dem prophetischen, dieses gewisse spießbürgerliche Sicherheitsstreben eignet. Um wieviel kühner unser Grillparzer! Er hat für seine Voraussicht einer künftigen, übernächsten Welt der Schönheit und Grünheit (am stärksten in "Libussa") keine solidere Abschußrampe als seinen Grant, daß nämlich, was er da voraussieht, gar nicht kommen *kann*. Denn die Zeiten, seine Zeiten, sind nicht so.

Jetzt aber sind sie so: ökologisch, aber immer noch grauslich industriell; aber auch schon ganz schön ökologisch. Unentschieden, halb, doppelseelig, grillparzerisch postmodern.

Ah, das sollte der Grantscherm Grillparzer noch erlebt haben! Sein Ideal von Welt mußte er, als intelligenter Zeitgenosse, für Illusion halten, zu der kein geschichtsmöglicher Weg führt. Jetzt aber hat die Grillparzer-Welt nicht mehr *keinen* Ort, sondern nur *noch* keinen Ort: ein historischer Weg, eine ökonomische und politische Chance *könnte* hinführen.

Grillparzers Illusion ist avanciert zur Utopie.

Im Grillparzer-Jahr wird die Welt grillparzerisch. Wenn einer so recht kriegt, braucht man ihn nicht auch noch zu feiern – das wäre unösterreichisch, ungrillparzerisch. Am 200. Geburtstag des größten österreichischen Dichters fällt der Nation nichts ein zu ihm, mir aber wenigstens, daß er recht hat.

profil, 31. 12. 1990 / 1. 1. 1991

Richard Reichensperger

EIN KUCKUCKSEI IM PATRIOTISCHEN NEST

Heute vor 200 Jahren wurde in Wien "Österreichs Antwort auf Goethe" geboren: Franz Grillparzer, der von Pädagogen in langer Tradition entstellte, zerrissene Vertreter heimischen Ordnungsdenkens.

Die literaturgeschichtliche Bedeutung des Rasiermessers ist noch unerforscht. Adalbert Stifter durchschnitt sich 1868 mit einem Rasiermesser den Hals. Franz Grillparzer, die heute vor 200 Jahren geborene Galionsfigur des "Ordo"-Denkens auf dem Altösterreichischen Staatsschiff, war nicht ganz so radikal:

Einem Frauenkomitee, das ihm laut Marie von Ebner-Eschenbach zum 80. Geburtstag "Freude und Ehre" darbringt, antwortet er: "Noja, Ehre, Ehre – meinetwegen. Es gibt davon ohnehin zuwenig in Österreich. Aber Freude – also, wenn's ma unbedingt a Freud machen wollen, dann schenken's mir drei neue Rasiermesser, die alten sind nämlich schon stumpf."

Grillparzer ist sicher kein Woyzeck, der "wie ein offenes Rasiermesser" durch die Welt rennt. Aber er ist auch nicht der langweilige Staatsdichter: Denn mit der zugleich von Stifter beschworenen "Ordnung" – einem Zentralbegriff in Grillparzers Dramen – ist es soweit nicht her:

Die Grillparzer-Wohnung am Bauernmarkt 10 ist zu groß, der Vater – Jurist und Josephiner – zu streng, und von der depressiven Mutter sagt die "Selbstbiographie": "Meine Mutter ... suchte Ordnung herzustellen, die sie, die Wahrheit zu sagen, selbst nicht gar genau hielt, und lebte und webte in der Musik."

Moderne Zerrissenheit

Die Mutter begeht 1819 Selbstmord. Der jüngste Bruder, Adolph, stürzt sich als Siebzehnjähriger in die Donau. Am Bruder Karl wird "melancholischer Wahnsinn" diagnostiziert. Soviel zum Biedermeier-Idyll.

Für Claudio Magris gilt als Hauptkennzeichen des "habsburgischen Mythos", daß dasjenige, was im (Staats-)Leben nicht gelingt, in der Dichtung verklärt wird. Und zwar – durch die Erinnerung an große Momente der habsburgischen Geschichte – in dreifacher Weise: im Mythos vom übernationalen, väterlich schützenden Kaiserreich, im Ideal des Bürokratismus und im Lob der Bescheidenheit anstelle titanischer, rücksichtsloser Selbstverwirklichung.

In diesem Sinne ist Grillparzer ein Mythomane, besonders in *König Ottokars Glück und Ende* von 1825: Vor der Schlacht gegen Ottokar hämmert Rudolf an seinem Helm noch Beulen aus. Ein Bürgermädchen namens Kathi Fröhlich darf ihm noch einen Blumenstrauß überreichen, er spricht vom Gottesgnadentum, als hieße er Metternich. Aus der Lobrede auf das Wesen des Österreichers mag man heute gar nur noch einem Vers zustimmen: "'s ist möglich, daß in Sachsen und beim Rhein / Es Leute gibt, die mehr in Büchern lasen."

Anderseits schildert Grillparzer das Gelächter des Verräters Zawisch, das Aufstampfen Ottokars und sein rasches Altern so, daß das Faszinosum der modernen Zerrissenheit unauslöschlich bleibt.

Der Brutalität der Zeit, für Grillparzer inkarniert in Napoleon, stellt der hervorragende Jurist das Verfassungssystem des Heiligen Römischen Reiches entgegen, das jedem Stande Rechte *und* Pflichten einräumt. Rudolf II. hält es ein, indem er – der scheinbar Unfähige – sich gegen Gewalt und Krieg sträubt.

Die Sehnsucht nach "Ordnung" hat in diesen Geschichtsdramen also auch Akzente, die über den "Habsburgermythos" hinausweisen, indem sehr konkret auch die Pflichten der Herrschenden aufgezeigt werden. Und das Scheitern des politischen Ideals einer "weiblichen", von Nächstenliebe getragenen, Geschichte in *Libussa*; das Scheitern des künstlerischen Ideals in *Sappho* und des Ideals der bürgerlichen Ehe in *Medea* und, subtiler und bei den letzten Salzburger Festspielen sensationell modern inszeniert, in der *Jüdin von Toledo*: Allzuviel Scheitern für einen "Verklärer".

Eine Zwiespältigkeit bleibt freilich: Grillparzer, auch hierin höchst österreichisch, benörgelt jahrzehntelang in den Tagebüchern den Absolutismus, bekommt aber 1848 doch schnell Angst vor der eigenen Courage: Ein Revolutionerl, mit Nestroy zu sprechen, wäre ihm schon lieber als eine Revolution.

Beamten-Zauberflöte

Andererseits stehen dann wieder Eintragungen wie diese: "Nichts wird in Österreich besser werden, solange die Pfaffenpartei nicht gesprengt ist." Und der unglückliche Finanz- und Archivbeamte Grillparzer, dessen *Fixlmüllner-Dialoge* auf den Beamten Kafka weisen, erinnert sich noch einmal an die Kindheit:

Da hatte er, auf den Knien des Kindermädchens, das Textbuch zur Zauberflöte gelesen. Vierzig Jahre später schreibt er eine Parodie, die seine Beamtenmisere wie seine Utopien ad absurdum führt: Monostatos ist zum Kanzleibeamten verkommen, die Königin der Nacht erläßt Verordnungen für einen "gewissen Takt für das Spazierengehen".

Der Standard, 15. 1. 1991

Stephan Reimertz

EINE SKEPTISCHE MELODIE

Heute vor 200 Jahren wurde in Wien Franz Grillparzer geboren

Der Artikel rekonstruiert und aktualisiert die Einleitung zu einem Vortrag "Grillparzer e la tradizione italiana", den der Autor beim Symposion "Itinerari italo-tedeschi" in Rom im Mai 1989 gehalten hat.

Ihr eigenes Haus war den Wiener bürgerlichen Dichtern tautologisch und undurchdringlich; sie führten eine widerständige Rhetorik, die, nach großer Tradition vom sprichwörtlichen Abraham a Sancta Clara bis zu Thomas Bernhard, eine Rhetorik der Ohnmacht blieb. Mit Raimunds Rappelkopf und Nestroys zerrissenem Kapitalisten von Lips bis hin zu jenem zehntausendseitigen Monolog gegen die Ungerechtigkeit der Welt, mit der eine Zeitschrift des Titels 'Die Fackel' ihrem Land heimleuchtete, steckte Österreichs bürgerliche Literatur, und nur von einer solchen kann im Ernst die Rede sein, zwischen wienerisch-orientalischem Fatalismus und aufklärerischem Sich-Aufraffen, zwischen apathischem Traditionalismus und radikaler Ästhetik; und nicht zuletzt auch zwischen der selbstgenügsamen Aristokratie Wiens und den dumpfen alpinen Außenständen.

"Er gehörte gern dem durch seinen Namen ausgewiesenen Bürgertum an. Plebs und Aristokratie, beide dem Geld, dem Spiel, dem Sport, dem Nationalismus, dem Erfolg und der Publizität ergeben, waren für ihn fast identisch." So Borges über Borges in einer schriftstellerischen Ortsbestimmung von 1974. Der um ein Jahrhundert ältere Franz Grillparzer hätte ein solches Bekenntnis nicht gegeben: es wäre ihm zu selbstverständlich gewesen. Literatur ist seit fünfhundert Jahren per definitionem bürgerlich, das zu sagen sei auch in diesem Blatt gewagt, und wo immer man seitdem gegen Feudalismus oder Totalitarismus Emanzipationen erfocht, hat sie ihren Anteil. Vehement Nestroy, der spätere Grillparzer, Hofmannsthal, Musil und Wittgenstein waren zudem Konservative im politischen Sinn;

mithin fast das ganze Österreich, soweit es in der deutschen Literatur in Betracht kommt.

Wenige Jahre nach dem Ersten Weltkrieg hieß es in der 'Fackel', der Dichter Grillparzer sei "aus dem Bedürfnis Österreichs nach einem Klassiker" entstanden. Solche Feststellung rechnet jedoch vor allem die Aufnahme des Autors seit Mitte des 19. Jahrhunderts und seine patriotische Umfunktionierung im Weltkrieg ab. Was wie Nachahmung norddeutscher Muster aussehen konnte oder eine Parallelaktion in Weimar, war vor allem der Versuch Wiener Dichter, sich in angenommener Hochsprache auszudrücken, ein Schreiben gegen die "anheimelnde Niederung der grausigsten Dialekte", die keiner so scharf empfand, wie gerade der Herausgeber der 'Fackel'. Solche Heimatsprache ist vor der Hochsprache wie die Steine im Mund des Demosthenes. Literatur entsteht, wo ihre Sprache nicht selbstverständlich ist. Und natürlich sprechen aufmerksame Ausländer besseres Deutsch als indolente Eingeborene; so wird es in einer Szene der *Letzten Tage der Menschheit* vorgeführt, und so erleben wir es täglich. Aus solcher Fremdheit kommt die verhältnismäßig große Anzahl österreichischer und Schweizer Autoren in der deutschen Literatur, darum auch sind die großen englischen Schriftsteller außer Shakespeare und Dickens Iren, daher die herausragende Bedeutung Dublins und Wiens im modernen Roman.

Suchen wir heute Franz Grillparzer als den Klassiker der deutschen Literatur in Österreich und betreten wir das wienerische Labyrinth durch den historischen Dienstboteneingang, so steht allzuviel im Weg, nicht zuletzt der schwierige Dichter selbst. Aber schon wer als Tourist die Alpenrepublik besucht, staunt darüber, daß dieses Land einmal eine europäische Großmacht gewesen sein soll. Womit ist es groß geworden? fragt man sich. Ist es nicht vielmehr immer Kleine Welt gewesen? Die österreichische kleine Welt mit ihrem Minderwertigkeitskomplex dem großen Bruder im Norden gegenüber konnte so deutschnational sein wie kein Deutscher, bis sie, an verblüfften Deutschen vorbei, in Berlin angekommen war. Hierin war eine andere Kompensation am Werk als die sprachliche. "Berlin bleibt deutsch. Wien wird wieder deutsch und Europa niemals russisch." Noch heute sitzen österreichische Gaukler überzählig in der Berliner Unterhaltungsindustrie.

Bald nach dem zweiten Weltkrieg überraschte uns Österreich mit zwei weiteren Erfindungen: Erstens dem Mythos der überrumpelten und vergewaltigten Heimat und zweitens der *österreichischen Literatur*. Beides in Verwechslung von Ursache und Wirkung. Einige Autoren der vormaligen "Ostmark" suchten mit verzweifeltem Witz den berüchtigten Nasal-Slang zur Schriftsprache zu erheben. Und einige deutsche Schriftsteller in Österreich empfinden sich bis heute als *österreichische Schriftsteller.* Nicht die bedeutenden, die ihr Deutsch auf deutsch schreiben und zum Teil Weltgeltung genießen, aber eine kleine Literatengruppe in sektiererischer Verteidigung ihres Stammbaums und ihres Stammtisches, deren kabarettistische Erkenntnisse dann in die noch breiteren und flacheren Niederungen des Austroschlagers durchsickern, zur neuerlichen Beschallung deutscher Hörer.

Alexander Lernet-Holenia, österreichischer als alle Berufsösterreicher von heute, sagte schon in den zwanziger Jahren: Früher hat das bei uns überhaupt kein besserer Mensch affichiert und seitdem alles schief geht, ist plötzlich jeder ein Österreicher. – Das galt in der "Republik Deutsch-Österreich" und mehr noch bereits 120 Jahre zuvor.

Die wichtigsten Daten: 1790 Tod Josephs II. 1791 Geburt Grillparzers. 1792 Koalitionskrieg Frankreichs gegen Preußen und Österreich. 1799 Napoleon Erster Konsul. 1802 Code civil. 1803 Reichsdeputationshauptschluß: Ende des Römischen Reiches. 1804 Napoleon Kaiser; jetzt wird der deutsche Kaiser Franz II. als Franz I. Kaiser dessen, was wir heute noch unter "Österreich" verstehen. "Die Monarchie", in der Grillparzer heranwuchs, war geprägt von den schematischen Reformen Josephs II. und der anschließenden Mäßigung der Reformfreudigkeit unter Leopold II.

Mehr als alle Geschichtsbücher verrät die *Selbstbiographie,* die Franz Grillparzer Anfang der fünfziger Jahre auf Veranlassung der Akademie der Wissenschaften schrieb, über die Atmosphäre jener vertrackten Zeit. Der Autor kam aus dem mittleren aufgeklärten Bürgertum und ließ erst als Siebenundzwanzigjähriger ein Theaterstück in Szene gehen: jenen noblen Spuk unter dem Titel *Die Ahnfrau,* der noch in der Mitte unseres Jahrhunderts zum festen Repertoire jeder Kammerheroine gehörte. Eine Schauspielerin Piscators an den Städtischen Bühnen Frankfurt konfrontierte später als Deutschlehrerin in einem Bankiersvorort ihrer Heimatstadt die verblüfften Primaner mit dem iambischen Schrecken, den die Schicksalstragödie zu bereiten sucht:

Ja, ich bin's, du Unglückselge,
Ja, ich bin's, den du genannt;
Bin's, den jene Wälder kennen,
Bin's, den Mörder Bruder nennen,
Bin der Räuber Jaromir!

Der Dichter dieser vierhebigen Konfession blieb, nachdem er seine Erfindung in den Wirklichkeiten des Theateralltags wiedergesehen, aber nicht wiedererkannt hatte, fortan allen Aufführungen seiner Stücke fern. Im Drama *Sappho* und der Trilogie vom *Goldenen Vlies* präsentierte Grillparzer antike Vorwelt im Licht einer spezifischen Kulturmilde, die man später als österreichisch empfand. Seine Sicht der Griechen ist eine ganz eigene und mit der der Klassiker in Weimar unvergleichbar. Die Aufnahme besonders der griechischen Antike führte auch zu seinen antilateinischen, antikatholischen Äußerungen, mit denen er sich schon als junger Mann bei Hof in üblen Ruf brachte. Die Lektüre der antiken Schriftsteller, man muß es inzwischen dazu sagen, war damals und noch lange eine selbstverständliche Voraussetzung literarischer Produktion. Noch Brecht bezeichnete sich gern als "guten Lateiner". Erst der Verzicht auf diese Bildungsbemühung führte die Autoren zur Verwechslung von Originalität und Größe und die Kritiker zum tapfer falschen Gebrauch von Fremdwörtern.

Grillparzer als Autor des 19. Jahrhunderts konnte sich noch zwanglos des weitläufigen europäischen Erbe bedienen, war aber mehr als andere, mehr als die Romantiker, von den emanzipatorischen Gedanken der Aufklärung, schließlich den Errungenschaften der josephinischen Reformen geprägt. Die drei Habsburger Historiendramen, die schlafwandlerisch sichere Hero-und-Leander-Neudichtung *Des Meeres und der Liebe Wellen*, das Calderòn-Remake *Der Traum, ein Leben* sind jedoch weit von geschäftiger Aufklärungsliteratur entfernt. Grillparzers Dichtertum stand nicht unter der Dringlichkeit sozialreformerischer Ideen. Näher steht er dem volkstümlichen Theater und der Oper, und wenn man auch sein Standbild am Portikus des neuen Burgtheaters dem Friedrich Hebbels gegenübergestellt hat, ist er dichter doch an Ferdinand Raimund und der Zauberspieltradition, weist er mit dem komödiantischen Experiment *Weh dem, der lügt!* auf die österreichischen Sprachphilosophen. "Überhaupt erscheint der Fortschritt meist größer, als er ist": das Motto zu Wittgensteins Traktat könnte von Grillparzer sein, wenn es nicht von Nestroy wäre.

Dieser vollkommene Dichter war ein vollkommener Skeptizist, der neben seinen bald offiziell und offiziös werdenden Dramen auf Tagebuchblättern eine raunzende und oft sehr bedeutende Prosa schrieb. Besonders der alte Mann formulierte Einsichten und politische Beobachtungen von großer Schärfe und Illusionslosigkeit, wie später erst wieder Musil. Sein Porträt Metternichs kann neben der Analyse Rathenaus in Musils Roman stehen. In geistiger Anmut und Skeptik aber übertrifft Grillparzer diesen oft allzu männlich-ingeniös auftretenden Patron der Moderne. Musil bewunderte durchaus Grillparzers Anciennität und nahm sich für den *Mann ohne Eigenschaften* die *Selbstbiographie* zum Vorbild: "Das ist vornehmer Chronistenstil; so sollte mein Roman geschrieben sein!" Wenn Musils heutige Jünger, jene Männer ohne Eigenschaften, deren literarische Erkennungszeichen in schwarzen Pullovern, randlosen Brillen und falschen Genitiven bestehen, etwas von den Kenntnissen und der intellektuellen Grazie älterer Schrifsteller wie Grillparzer annehmen könnten, wäre der Blick in ihre Bücher vielleicht weniger deprimierend.

In Grillparzers Lyrik, zweifellos der Schlagseite seines Werks, funkeln mitunter Perlen im Geröll. So das Poem *Abschied von Wien*, das schon die weltgültige Traditionslinie Platen-Mann-Koeppen berührt und dessen Wendungen sprichwörtlich geworden sind:

> [...]
> Entnervend weht dein Sommerhauch,
> Du Capua der Geister.
> [...]
> Man spricht nicht, denkt wohl etwa kaum
> Und fühlt das Halbgedachte.
> [...]
> Man lebt in halber Poesie,
> Gefährlich für die ganze.
> [...]

1843: ein Vorschein der "Wiener Jahrhundertwende".

Die *Erinnerungsblätter* und besonders die *Selbstbiographie* sind zeitlos gültige Prosa; unter Grillparzers Zeitgenossen, bei Seume, Gutzkow, Immermann, Tieck findet sich kaum Vergleichbares. Als Höhepunkt kann die bedrückende Erzählung vom *Armen Spielmann* gelten, die auf den Zauber eines Fouquets und die Phantastik eines Hoffmanns verzichtet und eine skeptische Melodie von höchster Eindringlichkeit findet. Zwölf Jahre hat der Autor daran gearbeitet.

Zögerlich, ja schleppend war der Gang Grillparzers durch sein Jahrhundert. Alt schon schien er auf die Welt gekommen zu sein. Sein Körperbau war leicht leptosom, doch hart und zart. Versagungsfalten über einem vollen Mund, das Auge müde und doch aufmerksam; Haltung höflicher Reserviertheit, dabei die Hände immer bewegt.

Nach seinem Tod 1872, die *Erinnerungsblätter* waren noch unveröffentlicht, wurde Grillparzer zum österreichischen Staatskünstler. Die Kulturpolitik der k. und k. Administration suchte ein paar Klassikerköpfe, die sie dem soeben gegründeten Bismarckreich entgegenhalten konnte. So liegt dieses lange Leben in der historisch kurzen Zeit zwischen dem Jahrhundert Voltaires, dessen Hoffnungen in der Französischen Revolution blutig endeten, und der Epoche des Nationalismus, von der wir heute wissen, daß sie noch dauert.

Franz Grillparzer, ein deutscher Dichter in Österreich, hat seinen geschichtlichen Augenblick selbst so empfunden, und er hat sein Jahrhundert auf eine Formel gebracht, deren prophetische Qualität uns erst heute ganz klar sein kann: "Von der Humanität über die Nationalität zur Bestialität."

die tageszeitung, 15. 1. 1991

Adalbert Schmidt

EIN UNERKANNTER MENSCHENKENNER

Aus Anlaß des 200. Geburtstages von Franz Grillparzer am 15. Jänner: die noch wenig beachtete Rolle des Psychologen

Von den vielen möglichen Aspekten, die Franz Grillparzers menschliche und dichterische Persönlichkeit dem Betrachter bietet, sei hier der psychologische Bereich gewählt. Der Dichter war ein schonungsloser Zergliederer des eigenen Ichs. Während aber seine Selbstbiographie im Hinblick auf die Veröffentlichung manches zurechtrückt und glättet, sind seine Tagebücher offener und unvermittelter: ein Mosaik aus Erlebtem und Gelesenem, ein Nebeneinander von Reflexionen über Erfahrenes und Geschaffenes, Aufzeichnungen über Verhaltensweisen in allen Situationen mit ungeschminkten Röntgenbildern körperlicher und seelischer Verfassung. Er registriert seine Krankheiten, seine Hypochondrie, seine große Reizbarkeit der Nerven. Diese Enthüllungen führen ihn mitunter bis zur Selbstzerfleischung und Selbsterniedrigung: "Mir mangeln nicht nur die meisten guten Eigenschaften, nein, die bösen, die lasterhaften haben bei mir ein so großes Übergewicht, daß ich oft vor mir selbst zurückschaudere." Im Beklemmenden solcher Zustände konnte Grillparzer freilich nicht dauernd verharren, und so brachte ihm das Aussprechen und Niederschreiben derartiger Depressionen Befreiung. Hier wird das berührt, was später Sigmund Freud und Josef Breuer in ihren "Studien über Hysterie" die kathartische Methode genannt haben: Die hysterischen Symptome verschwinden, wenn der Kranke den Vorgang schildert, dem Affekt Worte gibt. Grillparzer drückt das in seinem Gedicht "Der Genesene" so aus: "Jetzt, da ich's bestanden habe, / leuchtet mir's erst deutlich ein: / Krankheit, du bist Gottesgabe, / er soll drum gepriesen sein!"

Das Auf und Ab von Depressionen und Erhebungen ist aber nicht nur beim Menschen, sondern auch beim Dichter feststellbar. Sein Zweifel am eigenen Wert erstreckt sich ebenso auf die künstlerische Sphäre und äußert sich in einer übersteigerten Selbstkritik: "Eigenes Mißbilligen des kaum Hervorgebrachten ... lästige Selbstkritik", liest man an einer Tagebuchstelle. Die innere Zerrissenheit, das Gefühl der Gespaltenheit der menschlichen und künstlerischen Existenz hat den Dichter nie verlassen.

"Incubus" nennt er den finsteren Geist seines Inneren, der verneint und zersetzt, der auch in der Kunst immer um ihn ist.

Grillparzers Stellung zu psychologischen Problemen entspricht sinngemäß einem Aphorismus seines Freundes, des Arztes und Dichters Ernst von Feuchtersleben (1806-1849), Verfasser des Buches "Zur Diätetik der Seele": "Man kann sagen, wenn man Wortspiele liebt, daß all unser Wissen Anthropologie ist; die Philosophie philosophische Anthropologie, die naturwissenschaftliche physische und so weiter ...". Demnach wäre dann Psychologie psychologische Anthropologie. Und das ist zweifellos Grillparzers Fall, der zu Beginn seiner Erzählung "Der arme Spielmann" von seinem "anthropologischen Heißhunger" spricht.

Der Dichter hat seine psychologische Anthropologie in den Gestalten seiner Werke wirksam werden lassen. Dabei kommt zunächst dem Schicksalsbegriff eine dominierende Rolle zu. Schicksal ist all das, was dem Menschen durch physische und psychische Anlagen auferlegt ist, das Erbgut, das er im Leben einzusetzen hat, sei es zu Siegen oder Niederlagen. Dem Dichter selbst hat ja das Schicksal seiner Familie übel mitgespielt: Der 17jährige jüngste Bruder sucht den Tod in der Donau, seine Mutter erhängt sich in einem Wahnsinnsanfall. Die Anlage zur "endogenen Depression", wie es die Psychiater nennen, ist damit gegeben, und der Dichter spricht in diesem Zusammenhang öfter von seiner "verfluchten Familie".

Fluch und Schuld sind das Thema der "Ahnfrau", und beides überschattet ebenso die Trilogie "Das goldene Vließ". Wie Jahrzehnte später Friedrich Nietzsches kulturphilosophische Sicht die apollinische Verklärtheit der Antike durch seine dionysische Tiefenschau erschütterte, so werden hier Gestalten der griechischen Mythologie psychologisch durchleuchtet. Schon Hugo von Hofmannsthal erkannte, daß hier eine Zergliederung der Seelen vorliege, die "ganz der neuen Zeit angehört". Im Verhältnis zwischen Jason und Medea kann man bereits Vorstufen Strindbergschen Geschlechterhasses erkennen. Am reichsten und differenziertesten entfalten sich ja Grillparzers psychologische Einsicht und darstellerisches Vermögen in den Beziehungen zwischen Mann und Frau. Auch hier ist seine Kunst durch die Vorschule des Lebens gegangen: Grillparzer und die Frauen ist ein kaum ausschöpfbares Thema, sagt er doch selbst mit den Worten Otto von Merans (in "Ein treuer Diener seines Herrn"): "Ein Menschenkenner bin ich, Menschenforscher, / zumal auf Fraun geht meine Wißbegier." An seinen Jugendfreund Georg Altmüller schreibt er im Jahre 1821: "Ich bin der Liebe nicht fähig. Nach einem Heute voll der glühendsten Zärtlichkeit ist ein Morgen denkbar der fremdesten Kälte, des Vergessens, der Feindseligkeit." Daß der erste Satz dieser Briefstelle nicht wörtlich zu deuten oder gar nach dem Homosexuellen umzudeuten ist, weiß jeder, der Grillparzers Beziehungen zu Frauen kennt, zumal zu Charlotte Jetzer (verehelichter Paumgartten) und Marianne von Smolenitz (verehelichter Daffinger), der weiß auch von der sinnlichen Glut seiner Liebe, die Erfüllung findet, andererseits ebenso von dem Zurückbeben vor dem Letzten (Heloise Hoechner und Katharina Fröhlich), vom selbstquälerischen Widerstreit zwischen Physischem und Psychischem, von der Unmöglichkeit des endgültigen Zusammenfindens, wie es in den "Jugenderinnerungen im Grünen" steht: "In Glutumfassen stürzten wir zusammen, / Ein jeder Schlag gab Funken und gab Licht; / Doch unzerstörbar fanden uns die Flammen, / Wir glühten, aber, ach, wir schmolzen nicht."

Im dramatischen Raum hat Grillparzer viele Konstellationen im Mann-Frau-Verhältnis gezeigt und dabei alle Tonleitern der Empfindungen zwischen Liebe und Haß durchgespielt. Da ist die vom Inzest bedrohte Geschwisterliebe ("Die Ahnfrau"), da ist der Mann zwischen zwei Frauen in Verbindung mit der Kunst-Leben-Problematik ("Sappho"), in Konnex mit Natur und Kultur, mit Barbaren- und Griechentum ("Das goldene Vließ"), mit Staatsaktionen ("Ein treuer Diener seines Herrn" und "Die Jüdin von Toledo"), mit der weltgeschichtlichen Wende zwischen Mythos und Geschichte ("Libussa"). Da ist die todbringende und todüberwindende Liebe zwischen Hero und Leander ("Des Meeres und der Liebe Wellen"), die Erzählung von der Ehebrecherin Elga, die selbst vor dem Gedanken an den Mord des eigenen Kindes nicht zurückschaudert (Novelle "Das Kloster bei Sendomir") – und da sind die zahlreichen Verflechtungen in den Neben- und Zwischenhandlungen (etwa Zawesch-Kunigunde in "König Ottokars Glück und Ende"). Tiefenpsychologische Aspekte sind immer wieder erkennbar, Charaktere treten auf, deren Zeichnung durch den Dichter modern genannt werden kann: Verlust des Ich (in der Terminologie der Jahrhundertwende), Menschen der Süchte und Komplexe (besonders sichtbar in der Gestalt Otto von Merans in "Ein treuer Diener seines Herrn"). Das "Moderne" in den Zügen Rahels ("Die Jüdin von Toledo") hat man schon nach der ersten Aufführung im Burgtheater 1873 empfunden, wenn die damalige "Wiener Zeitung" schrieb: "Voll berückenden Reizes aber tritt das Stück an jene heran, die Psychologie treiben ... Diesen mag es wohl als das interessanteste Werk Grillparzers gelten, ja als das modernst gedachte." Fast 100 Jahre später, 1968, schrieb Wolfgang Paulsen im Nachwort zur Textausgabe bei Reclam: "Es dürfte wohl nicht leicht sein, vor Wedekind einen zweiten, ähnlich aus innerster Ambivalenz heraus gestalteten Frauencharakter auf der deutschen Bühne namhaft zu machen, der es an Unmittelbarkeit mit Rahel aufnehmen könnte." Dies werden viele bestätigen, die heutige Aufführungen der "Jüdin von Toledo" besucht haben.

Eine beachtliche Rolle spielt bei Grillparzer das Traum-Phänomen. Das gilt nicht nur für sein Bühnenwerk "Der Traum ein Leben", sondern für sein ganzes Dasein. In seinen Tagebüchern vermerkt er: "Ich habe geträumt bis heute, weiß es, und werde fortträumen bis zum Tode." – "Der Traum wußte, was mir selbst unbekannt war", heißt es an anderer Stelle. Hierin stimmt der Dichter mit den Psychoanalytikern überein, die den Traum eine Kondensation des Unbewußten nennen. Die Schrecken des Traumes, die Rustan in der Bühnendichtung "Der Traum ein Leben" erfährt, sind "Warnung", nicht "Wahrheit" – damit wird die therapeutische Funktion des Traumes hervorgehoben, welche nun, da er es aussprechen kann, die Katharsis seiner Existenz mit sich bringt. In Grillparzers Bibliothek stand Heinrich Schuberts Buch "Symbolik des Traumes", ein Zeichen dafür, daß sich der Dichter auch theoretisch mit Traumphänomenen befaßte. Er meditierte auch über seine Träume. So trifft für ihn in mehrfacher Hinsicht zu, was Freud sagt: Die Tagträume seien das Rohmaterial der poetischen Produktion, denn aus ihnen mache der Dichter durch gewisse Umformungen, Verkleidungen und Verzichte seine künstlerischen Produkte. Der Held aber sei letztlich immer seine eigene Person.

Züge seiner eigenen Person tragen viele Gestalten Grillparzers. Doch am tiefsten in sein Selbst hinabgestiegen ist der Dichter wohl in der Person des "stillen Kaisers" in seinem Gipfelwerk "Ein Bruderzwist in Habsburg". Bild und Selbstbildnis gehen in dieser Gestalt ineinander über. Mag Rudolf II. in diesem Drama der geschichtlichen Wirklichkeit, wie sich heute Historiker einig sind, noch so sehr entsprechen, die seelische Physiognomie Grillparzers scheint immer wieder durch: der Widerstreit von Handeln und Betrachten, von Tun und Denken, der Zwiespalt eines Daseins, das über alle Hindernisse hinweg unbeirrbar nach jenem Innen strebt, "wo der Herzschlag ihn erwärmt, / er sich belebt am Puls des tiefsten Lebens". Das bestätigte ihm die Dichtung, von der er sagte: "Die ganze Poesie ist nur ein Gleichnis, eine Figur, ein Tropus des Unendlichen."

Die Furche, 10. 1. 1991

Renate Wagner

HABSBURG FÜR IMMER?

Einerseits ist Franz Grillparzer fraglos der österreichische Nationaldichter, andererseits hat er durchaus nicht nur Freunde – tatsächlich verachten ihn manche als Habsburg-Apologeten und Verkünder duckmäuserischer Biedermeier-Moral. Ob sich bei genauer Betrachtung gerade aus dem "politischen" Grillparzer nicht sogar ein Konzept für unsere Zeit herauslesen läßt, überlegt Renate Wagner anläßlich des 200. Geburtstags des Dichters am 15. Jänner.

"Hoch Österreich! Habsburg für immer!" heißt es in "König Ottokars Glück und Ende". Man weiß, daß dies Franz Grillparzer in den besten Jahren seines Lebens rein gar nichts genützt hat – man hielt ihn für zu gescheit, um an seine bedingungslose Huldigung des Herrscherhauses zu glauben. Tatsächlich war der Patriotismus von Franz Grillparzer dem Metternichschen System und dem Kaiser Franz sogar suspekt. Diesen jungen Mann, der 32jährig den "Ottokar", 35jährig den "Treuen Diener seines Herren" vorlegte, hätte man mit diesen seinen historischen Stücken am liebsten mundtot gemacht, worauf der die künftigen Arbeiten im Schreibtisch behielt.

Zum "Staatsdichter" wurde Grillparzer erst nach seinem Tod 1872. Österreich, obwohl noch immer die Habsburger-Monarchie, benötigte einen Klassiker, zumindest einen im Vergleich zum deutschen Dioskurenpaar Goethe/Schiller. Und damals hat man sich, in summarischer Verachtung Raimunds und Nestroys als der "Vorstadtdichter", für Grillparzer allein entschieden.

Und dabei blieb es auch, als sich "Habsburg für immer" überholt hatte: "Hoch Österreich!" wurde stets gern hervorgeholt, zumal 1955, als auch ein wiedereröffnetes Wiener Burgtheater Zeugnis dafür ablegte, daß Österreich wieder existierte und wenig bessere Dichter hatte als diesen, der sich schon zu seinen Lebzeiten auch programmatisch als "Österreicher" von den deutschen Dichtern abgegrenzt hatte.

Der staatspolitische Dichter Franz Grillparzer bewegt sich zwischen "König Ottokars Glück und Ende" und einem "Bruderzwist in Habsburg", zwischen Kaiser Rudolf I. und Kaiser Rudolf II., zwischen dem bis zur Unerträglichkeit zitierten "Loblied auf Österreich" – das in den hintergründigen Zeilen "Da tritt der Österreicher hin vor jeden, denkt sich seinen Teil und läßt die anderen reden" – kulminiert, und der Erkenntnis von Rudolf II: "... auf halben Wegen und zu halber Tat mit halben Mitteln zauderhaft zu streben." Was österreichisches Wesen betrifft, so ist Grillparzer der am sinnfälligsten zitierbare Dichter ...

Franz Grillparzer hatte Fingerübungen unternommen: "Die Schreibfeder" und "Wer ist schuldig?" im Sinn der anakreontischen kleinen Lustspiele Goethes und Lessings, "Blanka von Kastilien" in der Nachfolge der großen historischen Dramen Schillers, "Die Ahnfrau", ein Schicksalsdrama in der Art von Zacharias Werner und sein erster, gleich stürmischer Erfolg. Wenn er sich in der Folge der "Sappho" zuwandte, so ordnete man ihn in das Fach der Weimarer Klassik ein, und man beließ ihn wohl auch mit dem "Goldenen Vlies" (weil schließlich mehr oder minder ein "Griechendrama") in diesem Bereich, obwohl seine gleichermaßen radikale Behandlung der Mann-Frau-Problematik wie die Analyse der Stellung einer verachteten Außenseiterin in einer hochmütigen Gesellschaft ihn über das meiste hinaushob, was damals auf die Bühne gebracht worden war.

Zwischen den ersten dichterischen Versuchen des 17jährigen und dem Interesse des 32jährigen an dem "Ottokar"-Stoff lagen 15 Jahre, in denen er gelernt hatte, das dramatische Metier zu beherrschen, in denen er sich als Meister der Psychologie und hier vor allem in der Gestaltung von Frauenfiguren erwiesen hatte. Aber man geht gewiß nicht fehl in der Annahme, daß das historische Interesse in Grillparzer am stärksten ausgeprägt war, wobei er genaue Quellenstudien betrieb und besonders davon fasziniert war, wieviel sich an konkreten Schicksalen dichterisch beweisen ließ: "Wer würde auch einen erdichteten Eroberer ertragen können, der ein erdichtetes Land mit erdichteten Heldentaten eroberte", meinte er und wählte historische Stoffe, weil er "darin den Keim zu seinen eigenen Entwicklungen" fand, vor allem aber, um den Ereignissen und Personen "eine Konsistenz, einen Schwerpunkt der Realität zu geben, damit auch der Anteil aus dem Reich des Traumes in das der Wirklichkeit übergehe." Das Leben – in diesem Fall kein Traum.

Mit der Gestalt des Königs Ottokar begann Grillparzer die Reihe seiner Persönlichkeiten, denen zur Macht, die sie besaßen, nicht auch die Verantwortlichkeit gegeben war, damit umzugehen. Für den König Ottokar fand er den Begriff des "Übermuts". Im nächsten historischen Drama, "Ein treuer Diener seines Herren", zeichnet den Prinzen Otto von Meran die Zügellosigkeit aus, die er mit der Rücksichtslosigkeit des Mächtigen auslebt. In der "Jüdin von Toledo" macht sich König Alfons schon sehr viel mehr Gewissen darüber, was er darf und was er nicht soll, aber auch in diesem Fall siegt seine Schwäche. Und in dem Drama "Ein Bruderzwist in Habsburg" steht der mächtige Mann, Kaiser Rudolf II., paralysiert vor dem Bewußtsein seiner Macht und seiner Verantwortung, unterwandert vom Zweifel, wissend, daß jede Tat letztendlich falsch ist.

Und zwischen diesen Figuren, die er aus der Geschichte nahm, hat Grillparzer das Problem des Einzelnen, der nach der Macht dürstet, ihr aber nicht gewachsen ist, auch in seinem "Traumspiel", in "Der Traum ein Leben", behandelt – und hier, wo er durch keine Fakten gebunden war, sondern seine Phantasie schweifen lassen konnte, kam er zu den klarsten Aussagen, die dann in die bewußte Biedermeier-Moral von "eines nur ist Glück hinnieden, eins, des Innern stiller Frieden" mündete.

Rustan gelingt (ähnlich wie dem Rappelkopf in Raimunds "Der Alpenkönig und der Menschenfeind") eines der großen psychoanalytischen Experimente der Theatergeschichte: Er holt aus seinem tiefsten Inneren die verborgenen Wünsche hoch, lebt sie aus, scheitert – und darf erwachen – im Gegensatz zu den historischen Machtmenschen, die Unrecht nicht ungeschehen machen können. Und dann weiß er es: "Und die Größe ist gefährlich, Und der Ruhm ein leeres Spiel; Was er gibt, sind nichtge Schatten, Was er nimmt, es ist so viel."

Es ist so wichtig, daß Rustan auf alle großen Taten, die funkelnd durch seine Wünsche gaukelten, nicht als Feigling verzichtet, wie der Fuchs auf die sauren Trauben, sondern aus der Erkenntnis heraus: Grillparzer, den die Verantwortlichkeit des Einzelnen als zentrales Thema beschäftigt hat, reagiert darauf immer wie ein Moralist. Nicht im Sinne von moralinsauer – sonst hätte er etwa weibliche und männliche Sinnlichkeit nicht so schonungslos gestalten können wie in der "Jüdin von Toledo". Er hatte einfach Moral, und er gestaltete diese am Beispiel außergewöhnlicher Menschen, die ihre Grenzen überschreiten und wieder zurückgeholt werden.

Im Fall des Böhmenkönigs Ottokar gelang die Bändigung des Machtmenschen und Unruhestifters jenem Mann, der außerdem Stammvater der Habsburger als österreichischer Herrscher wurde, nämlich Rudolf I. Grillparzer hatte diese Konstellation wahrlich nicht spekulativ gesucht, als er sich für die Figur Ottokars entschied. Er hielt sie, als er ihrer gewahr wurde, für "eine unbezahlbare Gottesgabe" – und irrte sich bekanntlich gewaltig: Die Zensur tat alles, um das Stück zu unterdrücken. Es wurde nach zweijähriger Wartezeit dennoch aufgeführt, und 1826 versuchte es

Grillparzer noch einmal – weil er, wie viele seiner Interpreten meinen, dem "habsburgischen Mythos" erlegen war? "Der treue Diener seines Herren", zur ungarischen Königskrönung geschrieben, war ein historisches, aber nicht ein habsburgisches Stück, über alle Maßen loyal und dennoch wieder nicht genehm – auch diese Aufführung war mit allen Schwierigkeiten verbunden. Prinz Otto von Meran mochte vielleicht nicht mit dem Herrscherhaus verwandt sein, aber er war jedenfalls keine Fürstengestalt, wie man sie in Metternichs Welt auf der Bühne sehen wollte – der ungebärdige Mächtige, der gewissenlos Unrecht tut.

Damals schon, nach dem "Treuen Diener", hatte Grillparzer Pläne zum "Bruderzwist", aber die zweimalige schlechte Erfahrung warf ihn aus der Bahn. Er schrieb wieder Stücke anderer Art. Die Nachwelt wird darum nicht rechten – er hat in "Des Meeres und der Liebe Wellen" mit der Hero wieder eine seiner bemerkenswerten, "emanzipierten" Frauengestalten geschaffen, er konnte im "Traum ein Leben" sein Zentralthema von Macht und Verantwortung in eine Form bringen, die auf die Spanier zurückgriff, denn Gültigeres über Träume hat vor Sigmund Freud niemand sonst ausgesagt. Und er hat schließlich in "Weh dem der lügt" ein wirklich brillantes dialektisches Lustspiel geschrieben, in dem freilich "nur" ein Küchenjunge der Held ist. Aber auch dieser stellt "moralische" Fragen – etwa, was wahr sei und was nicht, und wieweit es dem Menschen erlaubt ist, die Wahrheit mittels der Sprache zu manipulieren.

Wenn man sich mit Grillparzers wirklich komplizierter Psyche eingehend befaßt, wird man den Verdacht nicht los, daß ihm das Premierendebakel von "Weh dem, der lügt" samt den gehässigen Publikumsreaktionen fast recht kam: Im Grunde war er zu empfindlich, um sich immer wieder der öffentlichen Meinung auszusetzen, ein Dichter wie er, der so viel von seinem Persönlichsten in seinem Werk preisgab. Wenn er, wie er es in der Folge tat, das Geschriebene in seinem Schreibtisch hielt, waren seine Möglichkeiten unsagbar größer: "Die Jüdin von Toledo" hätte man damals, vor 1848 (und vermutlich, Aufhebung der Zensur hin oder her, auch noch lange nachher nicht), kaum am Burgtheater gespielt.

In seiner Darstellung der Machtmenschen hat Rustan nach König Ottokar und Otto von Meran den Wendepunkt dargestellt: Rustan, der Mann, der Böses tut, aber erkennt und bereut. Die nächsten Mächtigen, König Alfons und Kaiser Rudolf II., sind von Skrupel und Zweifel und sehr viel Gedankens Blässe angekränkelt – nur der eine ist ein junger Mann, der der Sinnlichkeit schließlich keinen Widerstand entgegenzusetzen vermag (und wie es kommt, daß er der Jüdin Rahel verfällt, hat Grillparzer mit unglaublicher psychologischer Raffinesse dargestellt); Rudolf II. ist ein alter Mann, der nur noch in die Sterne zu schauen vermag und von einem

Friedensorden träumt, weil rund um ihn Krieg ist und er weiß, daß man von ihm Taten erwartet, die er nicht setzen möchte. Ein einsamer, grenzenlos verschlossener Mann zudem, der aber immer noch genügend menschliche Regungen in sich verspürt, um bei der Meldung über vertriebene Protestanten nicht in Triumph auszubrechen, sondern daran zu denken, wie kühl die Nächte jetzt seien ...

Von Rudolf I., der noch die Tat gesetzt hat, um Ottokars Maßlosigkeit zu zügeln, zu Rudolf II., der sich zu Taten nicht mehr entschließen kann, weil er bezweifelt, ob der Mensch überhaupt etwas zu erkennen vermag ("Der Dinge tiefster Kern ist mir verschlossen"), führte Grillparzers Weg, der zwischendurch bei einem Werk Halt gemacht hat, das wir heute möglicherweise als sein zumindest politisch größtes erkennen möchten: "Libussa". Und er, dem einige der schönsten Frauengestalten der Weltliteratur gelungen sind, hat einer Frau die Möglichkeit zugeteilt, zumindest als Ideal das "goldene Zeitalter" zu verwirklichen. Es sind die Männer, die Libussa dann eine Lebensform aufzwingen, die "Recht" gibt, "das Recht zugleich und Unrecht, und statt Vernunft gibt er euch ein Gesetz".

Grillparzer, zum Kulturphilosophen geworden, notierte 1839: "Das Recht widerstreitet der moralischen Gesetzgebung, indem es das Prinzip des Egoismus über das der Liebe setzt, indes wir doch alle übereinstimmen, daß Gottes Wille gerade das Gegenteil sei."

Salzburger Nachrichten, 12. 1. 1991

Hilde Weiss

HOFRAT MIT GROSSER BANDBREITE

Radikaler Aufklärer oder verstockter Konservativer? Franz Grillparzers Werke lassen verschiedenste Lesearten zu – Einige Gedanken zum 200. Geburtstag des Dramatikers

Immer wieder geht es in Grillparzers Stücken um den Mut zur Identität, um den Mut, mit den eigenen, gesellschaftlich nicht vereinnahmten Empfindungen und Eindrücken übereinzustimmen.

"Schulautor", "Pflichtautor", "Mittelschulplage", "österreichischer Säulenheiliger"!: Nach ihrer Meinung zu Grillparzer gefragt, schwelgen die meisten Antwortenden in Schulreminiszenzen – allerdings in auffallend negativen. Von "abgegriffenen Reclamheften" ("da kommt die ganze Schulzeit wieder hoch, da kann der arme Kerl gar nichts dafür"), bis "schlechter Goethe-Schiller-Abklatsch" und "der Schnee von vorgestern" reichen die Assoziationen. Von "staubig, spröde", "öd", "unsympathisch" zu "irrsinnig papieren": "Noch schlimmer war nur Schiller!"

Grillparzer in der Schule war für viele offensichtlich keine große Offenbarung: "Grillparzer? Nein, danke!" Und doch räumen die meisten ein, daß das durchaus mehr am Unterricht, an der Art der vermittelten Interpretation liegen könnte als am Autor und seinem Werk. Die Konfrontation war jedenfalls nicht geeignet, weitere Begegnungen wünschenswert erscheinen zu lassen. Ein bloßer Zufall?

1991, im 200. Geburtstag Franz Grillparzers (15. Jänner 1791 bis 21. Jänner 1872), wird es so manche Gelegenheit geben, sich darüber Klarheit zu verschaffen. Die österreichische kulturelle Pflichtbeflissenheit pflegt in solchen Fällen verläßlich für ein umfassendes Angebot zu sorgen. Das geht vom erzkonservativen Grillparzer bis zum erstaunlich radikalen. Wer und wie ist er aber tatsächlich? Wohl immer der, zu dem wir ihn uns machen, der, zu dem er uns gemacht worden ist und gemacht wird, also der, zu dem wir ihn uns machen lassen.

Wie jeder Autor ist Grillparzer auf verschiedenste Art zu lesen. Erstaunlich ist daher, wenn er seit dem vorigen Jahrhundert trotz gesellschaftlicher Veränderungen meist auf die gleiche Art gelesen wird. Da setzt sich tatsächlich Staub an. Wo liegt die Schwierigkeit? Bei seinen unheroischen Helden, seinem Feminismus? Ist *er* so unlebendig oder sind *wir* es?

Heldentum streben bei Grillparzer vorwiegend diejenigen an, die es brauchen. Herrschaft schadet nicht nur den Beherrschten, zeigt sich, sondern auch den Herrschern. Macht haben die, die sie nötig haben – zur Kompensation ihrer Ohnmacht. Ernst genommen wäre das die Revolution. Ist das wirklich so gestrig oder nicht vielmehr übermorgig?

Grillparzer führte ein normales, behütetes Leben. Sohn eines Advokaten, Studium, Beamtenlaufbahn in der Finanzstrafkammer, ab 1832 Direktor des Hofkammerarchivs, mit 65 plangemäß ehrenvolle Pensionierung als Hofrat. Offenbar ist aber gerade diese "Normalität" geeignet – wie auch an vielen seiner Zeitgenossen beobachtbar – ungeheure Spannungen zu erzeugen. Spannungen, die sich im Alltag oder in der Politik nicht unmittelbar leben, aber in der Kunst ausdrücken lassen. Grillparzers Selbstbiographie legt Zeugnis ab von der ganz normalen Unterdrückung, von der täglich zu leistenden Selbstverleugnung. Wenn das heute alles bereits ganz anders wäre, verbleiben, wenn man den Staub wegbläst, ein paar nette Anregungen für historisch Interessierte. Nur: ist es das? Wir hätten es jedenfalls anscheinend gern und prägen uns unseren Grillparzer danach.

Ihr ganzheitliches Denken, ihr Bekenntnis zur Natur, zu sich selbst, zu ihren Gefühlen, zu ihrer Intuition sind *Libussas* Untergang. Sie scheitert am Herrschaftswillen der Männer. Daran hat sich wenig geändert, wie viele Kritiker zur laufenden Inszenierung im Volkstheater in bezug auf Stück und Autor zeigen. Unter Libussas Führung herrscht im späteren Prag Harmonie, Freude, Wohlstand und Freiheit – bis die Männer sich langweilen und nach Ungleichheit schreien.

Der Jurist Grillparzer notiert dazu in seinem Tagebuch Anfang März 1822: "Das Volk will Abteilung der Grenzen, genaue Abwägung des neidischen Rechts; Libussa wohlwollendes Genügen und Gönnen, Leben in Freude und Erhebung. Darum verlangt jenes einen männlichen Gebieter."

Unter Gleichen können sie sich nicht auszeichnen, ist der Grundtenor der Männergespräche: "Sonst hatten die und der, nun aber haben alle", beschwert sich einer und: "Der Bauer ein Herr, der Herr mitnichten!" Zwar sei Libussa "der Frauen Zierde", gerecht, weise, mild und voll Würde, doch "die Weiber stellt sie allzuhoch!"

Gleichgestellt fühlen sich die Männer unterlegen, geschüttelt vom dringenden Bedürfnis, das auszugleichen. Sie flehten Libussa nach dem Tod ihres Vaters an, die "Herr"schaft zu übernehmen. Ihre besonnene Leitung brachte Wohlergehen, nur beherrscht konnte sich niemand so recht fühlen. Keine Sklaven und daher keine Chance zum Sklavenaufseher zu avancieren. Das erhoffen sie sich von einem männlichen Herrscher.

"Was jetzo leicht und los, das macht er fest", kündigt Libussa an, "die Luft wird er besteuern, die ihr atmet, mit seinem Zoll belasten euer Brot. Der gibt euch Recht, das Recht zugleich und Unrecht, und statt Vernunft gibt er euch ein Gesetz." Die Männer widersprechen ihr nicht. Es ist genau das, was sie wollen, was sie für alle und alle Zeit bindend verwirklicht sehen wollen.

Primislaus verkörpert dieses Hierarchiedenken. Er fühlt sich zwar als Bauer der Fürstin Libussa unterlegen, hält aber trotzdem starr an diesem Weltbild fest, wenngleich er auch davon träumt, "wenn niedrig wäre hoch und wenig viel". Er ist der richtige Mann, eine Welt zu schaffen, in der niemand er selbst sein darf – ein Motiv, das Grillparzer in allen Stücken ein Anliegen ist. Hier ist diese Welt, dieses vom Menschen geschaffene System noch nicht so festgefügt, erscheint noch nicht so natur- und/oder gottgewollt unabänderlich wie in anderen Darstellungen – oder etwa heute.

Rührt vielleicht daher ein Teil der Berührungsangst mit Grillparzer? Psychologen stellen immer wieder fest, daß unangenehme, bedrohliche Inhalte zur Abwehr als unzutreffend, unmaßgeblich, am wirkungsvollsten aber als *langweilig* empfunden werden. Die Langeweile hört die Männer im Stück jedenfalls bezeichnenderweise schlagartig auf zu plagen, sobald ihnen Primislaus ausreichend Gelegenheit zur Umwelt- und Selbstzerstörung gibt. Er gründet eine Stadt mit dem Namen Prag, was soviel wie "die Schwelle" bedeutet.

Libussa wollte diese Schwelle zur Bürokratie, zum Abtöten aller Lebendigkeit, vom Selbstsein zur Selbstverleugnung – den kleinen Schritt vom Ich zum "man" und seine großen Folgen – nicht überschreiten. Mit Primislaus an ihrer Seite tut sie es. "Sei Du der Übertrager meiner Worte", befiehlt sie anfangs: "Ob stolz, sollst Du mir dienstbar sein." Das drückt nicht viel partnerschaftliche Achtung aus. Sie wollte ihn zu ihrem Sprachrohr machen und endet als seines: Primislaus rächt sich, indem er die Herrschaft voll übernimmt.

Wenig später heißt es für Libussa bereits: "Es ist so schön, für andere zu leben! Lebt er für sie, warum nicht ich für ihn?" Sie lebt also für ihn, er für das Volk, dieses wiederum für ihn – und dabei (über)lebt keiner, weil es eben nicht möglich ist, wie Grillparzer vorführt, für andere zu leben. Die entfremdete Libussa dient niemandem mehr. Aber es muß sich auch keiner mehr vor ihrer Stärke, vor ihrer Lebendigkeit und Spontanität fürchten, sich ihr unterlegen, sich von ihrer Kraft bedrückt fühlen.

Die hilfe- und freudespendende Priesterin Libussa geht an der Selbstverleugnung zugrunde, durch ihre Selbstaufgabe hat sie nichts mehr zu geben. Entweder Frauen oder Männer!, scheint Grillparzers Fragestellung zu lauten und seine Moral von der Geschicht': Besser Frauen als Männer! Die Gemeinsamkeit wird weder gesucht noch gefunden. Hoffnung gibt es nur für die Zukunft. "Dann kommt die Zeit, die jetzt vorübergeht", verkündet die sterbende Libussa, "die Zeit der Seher wieder und Begabten", eine Zeit, in der sich die zerstörten Gefühle wieder Zweck und Nutzen zugesellen dürfen.

Authentizität und Ganzheitlichkeit sind Hauptanliegen Grillparzers. Das Entstehen von Destruktivität leitet er ab aus der Nötigung, sich zu verleugnen und zu verstellen. Immer wieder geht es in seinen Stücken um den Mut zur Identität, um den Mut, mit den eigenen, gesellschaftlich nicht vereinnahmten Empfindungen und Eindrücken übereinzustimmen, also genau das, was trotz oder gerade wegen seiner priviligierten Stellung in seinem ganz normalen Leben mit Sicherheit ausgeschlossen war. "Es fehlte ihm die Courage zu sich selbst", stellte Ferdinand Kürnberger in seinem Grillparzer-Nachruf fest.

Das gleiche Problem plagt *Rustan* in "Der Traum ein Leben", dem letzten großen Bühnenerfolg Grillparzers, bevor er sich 1838 nach dem Mißerfolg von "Weh dem, der lügt!" zurückzog und fortan für die Schublade schrieb. Rustan, gepeinigt von Minderwertigkeitsgefühlen und entsprechendem Großartigkeitswahn, will das "neidenswerte Glück der Größe suchen". Vorher legt er sich allerdings schlafen und träumt erst einmal. Was Grillparzer ihn träumen läßt, ist ein psychologisches Glanzstück erster Güte und in manchem aufschlußreicher als es Theorie und Forschung zu sein vermögen. Ein leider keineswegs verstaubter Beitrag zur Psychologie der Kriege. Und doch langweilig? Das wäre eigentlich typisch und würde Grillparzer im Grunde bestätigen. Seine Figuren langweilen sich zumeist aus Gründen der Abwehr. Auch Rustan plagt diese Langeweile schrecklich. Wogegen wehrt er sich? Was bedrängt, bedroht ihn? Er selbst. So wie er ist, kann er sich nicht akzeptieren. Unrealistische Hoffnungen und Illusionen sind ihm lieber als seine Realität, sein reales Selbst, das weiterzuentwickeln, sich weiterentwickeln zu lassen sich offenbar nicht lohnt.

"Diese Ruhe, diese Stille, lastend drückt sie meine Brust", klagt er. Er will bzw. muß das, was sich in ihm abspielt, verwirklichen: Kampf und Not. Träumend unternimmt er eine Reise durch sich selbst, mitten durch dieses Schlachtfeld. Alle Personen, denen er begegnet, sind folglich Teile seiner Persönlichkeit, die er liebt, begehrt, ablehnt oder tötet.

"Muß der aufgeregten Kraft einen würd'gen Gegner suchen, eh sie gen sich selber kehrt und den eignen Herrn verzehrt", lautet die psychologisch einwandfreie Selbstdiagnose. Das bringt ihn zu dem Schluß: "Das heißt leben! Es lebe der Krieg!" Woher kommt aber der ganze, für den Betroffenen und seine Umwelt leidbringende Aufruhr? Aus den gesellschaftlichen Widersprüchen. Aus Lüge, Heuchelei und Schein. Aus der Anleitung zur Selbstverleugnung, wie Grillparzer wohl nicht hier, aber zum Beispiel in "Libussa" ausführt.

Innen herrscht der Krieg der ungelösten Konflikte, außen zwangsharmonisiert Ruhe und Ordnung. Diese Realität ist Rustan "zu schal und jämmerlich". Er findet keine Übereinstimmung mit seinem persönlichen Empfinden und beschreibt die daraus resultierende Teilnahmslosigkeit ähnlich wie heute Psychologen den typischen Zeitgeist-Narzißten beschreiben würden: "Freude, die mich nicht erfreuet, Leiden, das mich nicht betrübt."

Das Bild der Entfremdung – wie es Grillparzer auch in seiner Selbstbiographie festhält, wenn er auf das "Formlose und Trübe" seiner Kindheit zu sprechen kommt: "Ich habe meinen Vater eigentlich zärtlich nie geliebt", stellt er fest. "Er war zu schroff. Indem er mit einem höchst erfolgreichen Bemühen jeden Ausdruck der eigenen Empfindungen in sich verschloß, machte er die Annäherung jeder fremden beinahe unmöglich."

Genau diese Feststellung ist die Essenz des Bestsellers "Männer lassen lieben" von Wilfried Wieck und der vieldiskutierte Grundtenor zahlreicher anderer Veröffentlichungen. Ist die Zeit reif für diese Erkenntnisse? Warum dann nicht auch für Grillparzer? "Nur ein Tor verhehlt den Brand", meint Rustans Onkel Massud, "wir, mein Kind, wir wollen löschen". Tun wir das auch? Indem wir diskutieren? Da wird bei Grillparzer handfester gelöscht.

Massud bittet Rustan, noch eine Nacht darüber zu schlafen, bevor er zu seinen Heldentaten aufbricht, bevor er seine Feindseligkeit über sich und andere ergießt. Rustan träumt Mord, Verwüstung und Elend und erspart sie damit seiner Umwelt. Da der Traum seinem Wesen nach keine oberflächlichen kognitiven Eindrücke, wie etwa beim Lesen oder beim Diskutieren, gestattet, sondern ein starkes, oft überwältigendes gefühlsmäßiges Er-Leben bedeutet, fühlt Rustan sich befreit. Befreit vom Druck, den Aggressionsstau endlich zu verwirklichen und so wieder Harmonie zwischen innen und außen herzustellen. Eben darum bittet ihn Massud, sein Vorhaben zu überschlafen und versucht nicht, etwas wegzudiskutieren, was nicht wegzudiskutieren ist, weil es erlebt werden muß.

Ein verwirrter, von Konflikten zerrissener Mensch kann freilich nur im Märchen so *verdichtet* konstruktiv träumen. Dieses Märchen ist jedoch als bewußtes, authentisches Erleben, z.B. in einer Therapie, jederzeit verwirklichbar. Erleben erspart das Ausleben – sich und anderen. Erfolgt das nicht, führt Grillparzer unerbittlich vor, ergibt eine Lüge die andere, eine Zerstörung die andere und schließlich ein Mord den anderen. Was bleibt, sind Verzweiflung und Panik.

Erst als Rustan das verkleinerte und daher größen- und machtgierige Selbst tötet, indem er sich in auswegloser Not im Traum in einen Fluß stürzt, erwacht er zu sich selbst. Sein Alptraum offenbarte ihm therapeutisch seinen alles vernichtenden Aggressionsstau. Massud deutet sein Erleben aus der Sicht der Selbstverantwortung: "Doch vergiß es nicht, die Träume, sie erschaffen nicht die Wünsche, die vorhand'nen wecken sie."

Zur menschlichen Destruktivität wird/muß es also bei unveränderten Lebensbedingungen immer wieder kommen. Libussa ist zwar eine Utopie, ebenso Rustans beeindruckende selbsttherapeutische Kraft, doch unbequemerweise sagen bzw. zeigen sie ungeniert, wieso das so ist und daß es nicht so sein müßte.

Als unbehaglich muß man die Wege mindestens bezeichnen, die Grillparzer weist. Gerade das märchenhafte, gefühlsintensive Erleben schafft eine Nähe, die man als rationaler, intellektualisierter Mensch anstrengend bis unerträglich findet. Können wir uns also wirklich sicher sein, daß es die Sprache und Dramaturgie Grillparzers sind, die wir immer wieder als langweilig ablehnen? Geht es dabei bestimmt nicht um Inhalte? Um Probleme, die wir uns nicht leisten könnten, langweilig zu finden, solange sie bitter aktuell und gerade in dieser eindringlichen bild- und märchenhaften Verdichtung so mühselig zu rationalisieren sind?

Wiener Zeitung, 11. 1. 1991

BIBLIOGRAPHIE

Ausgewertete Periodika
(und verwendete Abkürzungen)

Tageszeitungen

Arbeiter Zeitung	AZ	(A)
Basler Zeitung	BZ	(CH)
Dolomiten	Dol	(I/Südtirol)
Frankfurter Allgemeine Zeitung	FAZ	(D)
Frankfurter Rundschau	FR	(D)
Kleine Zeitung	KlZ	(A)
Münchner Merkur	MM	(D)
Neues Deutschland	ND	(DDR/D)
Neue Zürcher Zeitung (Fernausgabe)	NZZ	(CH)
Oberösterreichische Nachrichten	OÖN	(A)
Die Presse		(A)
Salzburger Nachrichten	SN	(A)
Der Standard		(A)
Stuttgarter Zeitung	StZ	(D)
Süddeutsche Zeitung	SZ	(D)
Tages-Anzeiger		(CH)
Der Tagesspiegel	Tsp	(D)
die tageszeitung	taz	(D)
Tiroler Tageszeitung	TT	(A)
Die Welt		(D)
Wiener Zeitung	WZ	(A)
Volksstimme		(A)
Vorarlberger Nachrichten	VN	(A)

Wochenzeitungen

Deutsches Allgemeines Sonntagsblatt	DAS	(D)
Falter		(A)
Die Furche		(A)
präsent		(A)
Rheinischer Merkur (Christ und Welt)	RM (CW)	(D)
Freitag (bis Nr. 46/1990 "Sonntag")		(DDR/D)
Die Weltwoche	WW	(CH)
Die Zeit		(D)

Magazine

profil		(A)
Der Spiegel		(D)

Die Bibliographie erfaßt grundsätzlich sämtliche relevanten Artikel des Gedenkjahres in den vom "IZA" ausgewerteten Zeitungen im Zeitraum vom 1. Jänner bis zum 31. Dezember 1991, wobei Ausnahmen auch in diesem Fall die Regel bestätigen.

- Bei ungezeichneten Meldungen und bloßen Hinweisen wurde, wenn keine eigene redaktionelle Bearbeitung der jeweiligen Zeitung zu erkennen war, kein Anspruch auf Vollständigkeit erhoben.
- Wegen der das Kalenderjahr überschreitenden Spielzeiten wurden unter der Rubrik "Theaterkritiken" zwei Perioden berücksichtigt: die Spielzeiten 1990/91 und 1991/92, einschließlich der Salzburger Festspiele 1990 und 1991.
- Die Rubrik "Artikel allgemeiner Art" berücksichtigt auch einige wenige Artikel aus den Jahren 1990 und 1992, und zwar dann, wenn diese direkt auf das Gedenkjahr bezug nehmen.
- In die Rubrik "Sekundärliteratur" wurden auch Besprechungen von Büchern aufgenommen, die bereits vor 1991 erschienen, aber offensichtlich im Hinblick auf das Gedenkjahr verfaßt worden sind.

Die den einzelnen Rubriken zugeordneten Artikel sind chronologisch, die Titel von Werken alphabetisch geordnet. Die Daten zu einem Artikel beinhalten in dieser Reihenfolge: Name der Kritikerin/des Kritikers: Periodikum, Datum der Kritik (Titel der Kritik). Auf Untertitel wurde grundsätzlich verzichtet.

Nicht berücksichtigt wurden die Artikel zum Grillparzer-Preis, der anläßlich des Gedenkjahres nach zwanzig Jahren Unterbrechung von der Akademie der Wissenschaften und der Hamburger Stiftung F.V.S. zum ersten Mal wieder verliehen wurde: an Peter Handke.

Sämtliche Artikel liegen im "IZA" auf und können über folgende Adresse bezogen werden:
Innsbrucker Zeitungsarchiv/Abteilung für Literaturkritik und Rezeptionsforschung, Universität, Innrain 52, A – 6020 Innsbruck, Tel. 507/3447; Fax 507/3450

Artikel allgemeiner Art

(Gedenkartikel, allgemeine Hinweise auf verschiedene Aktivitäten u.a.)

anonym: Presse, 90 09 25 (Grillparzer-Preis und -Ring zum Dichterjubiläum '91)
anonym: TT, 90 10 10 (Des Nationaldichters gedenken)
anonym: präsent, 90 12 13 (1991 ist auch ein Grillparzer-Jahr, doch gespielt wird er kaum)
Nenning Günther: profil, 90 12 31 (Die Welt wird grillparzerisch)
anonym: TT, 91 01 01 (Tirol im Franz-Grillparzer-Gedenkjahr 1991)
Wagner Renate: VN, 91 01 05/06 (Zu einem nationalen Monument ...)
Schmidt Adalbert: Furche, 91 01 10 (Ein unerkannter Menschenkenner)

Mikoletzky Lorenz: präsent, 91 01 10 (Ein Dichter der Letzten Dinge)
Bachmaier Helmut: Weltwoche, 91 01 10 (Das Glück war immer da, wo er nicht war)
Hrachovec Herbert: Falter, 91 01 11 (Die Sprache des Berufsbeamten)
Melzer Gerhard: NZZ, 91 01 11 (Der Mann am Ufer)
Felken Detlef: RM, 91 01 11 (Große Würfe in des Zufalls blinde Nacht)
Kain Eugenie: Volksstimme, 91 01 11 (Der Konservative besonderen Schlags)
Weiss Hilde: WZ, 91 01 11 (Hofrat mit großer Bandbreite)
Michaelis Rolf: Zeit, 91 01 11 (Weltmeister im Davonlaufen)
Birbaumer Ulf: AZ, 91 01 12 ("Der Alptraum ein Leben")
Kaindlstorfer Günter: AZ, 91 01 12 ("Ich hätte Österreich verlassen müssen")
Schmidt Adalbert: OÖN, 91 01 12 (Persönlichkeit mit wechselnden Gestalten)
Wagner Renate: SN, 91 01 12 (Habsburg für immer?)
Eichbichler Hermann: Dolomiten, 91 01 12/13 (Zu Grillparzers Drama "Ein Bruderzwist in Habsburg", Teil 1)
Welzig Werner: Presse, 91 01 12/13 (Franz Grillparzer, geboren am 15.1.1791)
Nenning Günther: SZ, 91 01 12/13 (Größer als die Liebe ist die Ruah ...)
Spies Hansjörg: KlZ, 91 01 13 (Franz Grillparzer und der Geburtstagszwist)
Bauer Eleonore: MM, 91 01 14 (Ein nörgelnder Dichter wird Klassiker)
Schulmeister Otto: Presse, 91 01 14 (Österreichs Geistes-Gegenwart)
dpa: SZ, 91 01 14 (200. Geburtstag von Franz Grillparzer)
Gamper Herbert: BZ, 91 01 15 (Gleichzeitig Zuschauer und Schauspieler)
gg.: Dolomiten, 91 01 15 (Ein Dichter zwischen Klassikerverehrung und modernen Ambitionen)
Reichensperger Richard: Standard, 91 01 15 (Ein Kuckucksei im patriotischen Nest)
Fülleborn Ulrich: StZ, 91 01 15 (Dichter der Deutschen?)
Reimertz Stephan: taz, 91 01 15 (Eine skeptische Melodie)
Teuffenbach Ingeborg: TT, 91 01 15 (Das Leben, ein Traum bis zum Tode)
(u.st.): TT, 91 01 16 (Literatur soll die Menschen einander nähern)
(m.r.): TT, 91 01 16 (Sonderbriefmarke, Münze und Festschrift von Grillparzer in Wien präsentiert)
anonym: Volksstimme, 91 01 16 (Eröffnung einer Münze)
Washietl Engelbert: SN, 91 01 17 (Statt eines Kriegsinterviews)
Borchmeyer Dieter: FAZ, 91 01 19 (Wider Willen modern)
W.G.: Welt, 91 01 19 (Des Kaisers treuer Diener)
A.G.: Dolomiten, 91 01 19/20 ("Ein leidenschaftlicher Liebhaber der Menschen, vorzüglich des Volkes")
anonym: Dolomiten, 91 01 19/20 (Ehrendoktor Franz Grillparzer)
Fülleborn Ulrich: Tsp, 91 01 20 (Kein Dichter der Deutschen?)
anonym: OÖN, 91 01 24 (Grillparzer wird in Böhmen wieder gespielt)
anonym: TT, 91 01 24 (Prag entdeckt Grillparzer)
Hrachovec Herbert: Falter, 91 01 25 (Die Parade der Schuldigen)
anonym: WZ, 91 01 25 (Prag "entdeckt" Grillparzer)

Eichbichler Hermann: Dolomiten, 91 01 26/27 (Zu Grillparzers Drama "Ein Bruderzwist in Habsburg", Teil 2)
H.E.: Dolomiten, 91 01 26/27 (Franz Grillparzer als Zeitkritiker)
Hrachovec Herbert: Falter, 91 02 01 (Der Kampf der Geschlechter)
Hein Jürgen: NZZ, 91 03 15 (Theaterwelt und Wirklichkeit)
Sträter Lothar: Welt, 91 04 18 (Leidenschaft, die Leiden schafft)
Mayer Franz: Presse, 91 05 06 (Aktuelle Anmerkungen zu Grillparzer)
Leser Norbert: Furche, 91 09 05 (Zwei Seelen in der Brust)
Sinkovicz Wilhelm: Presse, 91 11 09/10 (Kennen Sie Grillparzer?)
Günzel Klaus: FAZ, 91 11 15 (Wir glühten, aber ach, wir schmolzen nicht)
Müller Herbert: WZ, 91 11 15 (Gratulation für Grillparzer)
Pfoser Alfred: SN, 92 01 16 (Die hämische Einschätzung als "Zweitklassiker" ist mit Nachdruck überwunden)
Pfoser Alfred: SN, 92 01 17 (Ein Konservativer und moderner Menschenkenner)

Symposien

anonym: ND, 90 09 27 (Symposion)
Wagner Renate: WZ, 91 01 22 (Das weite Feld der Forschung)
Ternowetz Ulrike: WZ, 91 03 13 (Grillparzer-Symposion in Mailand)
anonym: TT, 91 04 10 (Grillparzer-Symposion in Innsbruck)
(i.t.): TT, 91 04 12 (Grillparzer, von Ideologien befreit)
Parth Thomas: präsent, 91 04 25 (Die neue Aktualität des "Erzkalkvaters")
Wimmer Paul: WZ, 91 11 01 (Gerade in unserer Zeit aktuell)
anonym: Presse, 91 11 08 (Grillparzer-Forum)
(SN/APA): SN, 91 11 14 (Wie zeitgemäß ist Franz Grillparzer?)
Krauß Cornelia: WZ, 91 11 19 (Begegnungsort heutiger Befunde)
Nati Susanne: Presse, 91 11 22 (Ein Europäer)
Müller-Funk Wolfgang: NZZ, 92 01 30 (Ein vergessenes Denkmal?)

Vorträge

anonym: KlZ, 90 12 14 (Der Andere Grillparzer)
(fdc): TT, 91 03 11 (Grillparzers Bühnenzukunft hat begonnen)
Otter Wolfgang: TT, 91 12 04 (Die klare Sicht des Dichters)

Ausstellungen

Leisching Peter: TT, 91 01 07 (Das Beziehungsfeld Grillparzer und Tirol)
(red): Standard, 91 01 09 (Grillparzer in Bildern)
anonym: WZ, 91 01 09 (Wanderausstellung über Grillparzer)
Fleck Robert: Presse, 91 01 10 (Franz Grillparzer – ein Beamter und Dichter)
anonym: Presse, 91 01 14 (Franz Grillparzer – "Ein Beamter und Dichter")
Wagner Renate: WZ, 91 01 18 (Dem Beamten und Dichter)
anonym: Dolomiten, 91 01 19/20 (Grillparzer als Beamter und Dichter)
Plechl Pia Maria: Presse, 91 01 24 (Archivdirektor Grillparzer)
haj.: NZZ, 91 01 30 (Beamter und Dichter)
anonym: Dolomiten, 91 02 05 (Fotodokumentation in Galerie Prisma)
(e.a.): TT, 91 02 09/10 (Plädoyer für den Verkannten)
wps/r.h.: Presse, 91 02 14 (Der wirkliche Grillparzer)
Demmer Erich: AZ, 91 02 15 (Idylle und Wirklichkeit)
Pfoser Alfred: SN, 91 02 15 (Der Verweigerer, der Huldiger und der von vielen Gehuldigte)
anonym: Standard, 91 02 15 (Grillparzer oder Die Wirklichkeit der Wirklichkeit)
Wagner Renate: WZ, 91 02 15 (Lebensweg mit Kommentar versehen)
smp.: NZZ, 91 02 20 (Annäherung an einen Schwierigen)
anonym: Dolomiten, 91 02 23/24 (Grillparzer oder die Wirklichkeit der Wirklichkeit)
Beer Otto F.: SZ, 91 02 26 (Der reaktionäre Individual-Anarchist)
dpa: FAZ, 91 02 27 (Ohne Titel)
H.M.: WZ, 91 03 03 (Historisches Museum: Grillparzer – Schubert)
Weinzierl Ulrich: FAZ, 91 03 12 (Leier und Schwert)
aro: FAZ, 91 07 31 (Franz Grillparzer)

Primärliteratur

Werke in sechs Bänden. – Bd. 2: Dramen 1817 bis 1828; Bd. 3: Dramen 1828 bis 1851. Hrsg. Bachmaier Helmut; Deutscher Klassiker-Verlag Frankfurt/M. 1991

Haider-Pregler Hilde: WZ, 91 06 28 (Halbzeit im Grillparzer-Jahr)

Sekundärliteratur

Fink Humbert: Franz Grillparzer. Pinguin Innsbruck, Umschau Frankfurt/M. 1990
Wimmer Paul: WZ, 90 05 11 (Gutes Buch, offene Wünsche)
Menner W.: MM, 90 05 21 (Grillparzer)
Hopf Karl: SN, 90 08 04 (Der Mensch Grillparzer)
(u.st.): TT, 90 12 24/26 (An Goethes Hand brach er in Tränen aus)

Franz Grillparzer (1791-1872). – Österreich-Dokumentationen. Bundespressedienst Wien 1990
(u.st.): TT, 91 03 22 (Kollege Grillparzer mit einer eigenen Festschrift geehrt)

Franz Grillparzer. Hrsg. Bachmaier Helmut; Suhrkamp-Taschenbuch-Materialien Frankfurt/M. 1991
anonym: NZZ, 91 01 12 (Ohne Titel)
Dultz Sabine: MM, 91 02 02/03 (Grillparzer)

Franz Grillparzer – Finanzbeamter und Archivdirektor. – Festschrift zum 200. Geburtstag. Hrsg. Mraz Gottfried; Steiger Berwang/Tirol 1991
(u.st.): TT, 91 03 22 (Kollege Grillparzer mit einer eigenen Festschrift geehrt)
anonym: NZZ, 91 03 23 (Ohne Titel)

Politzer Heinz: Franz Grillparzer oder Das abgründige Biedermeier. – Mit einem Vorwort von Reinhard Urbach. Paul Zsolnay Wien/Darmstadt 1990 (2.Auflage)
Wagner Renate: WZ, 90 11 23 (Der Dichter in seinem Werk)
Hopf Karl: SN, 90 12 07 (Der Epigone als Vorläufer: Grillparzer tiefenpsychologisch)
bam.-: Volksstimme, 91 01 11 (Kein treuer Diener)
anonym: NZZ, 91 01 12 (Ohne Titel)
Terry Thomas: Tsp, 91 02 24 (Dichter von gestern für morgen)

Scheit Gerhard: Franz Grillparzer. – Mit Selbstzeugnissen und Bilddokumenten. Rowohlt Taschenbuch Verlag Reinbek/Hamburg 1989
anonym: NZZ, 90 01 13 (Ohne Titel)
Miehe Renate: FAZ, 90 01 18 (Von Rotwein und tragischen Seelen)
Koopmann Helmut: FAZ, 90 02 27 (Biedermeier, etwas rötlich)
Stadler Franz: Volksstimme, 90 03 30 (Wiens klassischer Hofrat)
Juhre Armin: DAS, 91 01 11 (Im Schatten von Wien und Moskau)

Sendungen in Rundfunk und Fernsehen

F.C.: WZ, 90 12 02 (Auch heuer bunte Vielfalt)
Peters Stefan: AZ, 91 01 05 (Kein Diener eines Herrn)
anonym: OÖN, 91 01 05 (Grillparzers Leben und Drama)
Echsel Barbara: Presse, 91 01 05/06 (Heute beginnt ein Grillparzer-Schwerpunkt im ORF)
anonym: WZ, 91 01 13 (Grillparzer-Tage im Radio)
anonym: Standard, 91 01 14 (Ein Dichter der letzten Dinge – Franz Grillparzer)
anonym: Standard, 91 02 15 (Wissen auf Abruf)
anonym: OÖN, 91 01 16 (Weh' dem, der reist)
anonym: WZ, 91 01 16 (Brandauer als Küchenjunge)
anonym: Standard, 91 10 23 (Dimensionen "Unzeitgemäße Aufklärung – zur Aktualität Franz Grillparzers")
anonym: WZ, 91 10 23 ("Unzeitgemäße Aufklärung")

Die Flucht, ein Leben. – Fernsehdokumentation (Regie: Helmut Fürthauer) ORF 1991
anonym: Standard, 91 01 05/06 (Die Flucht, ein Leben)
E.A.H.: präsent, 91 01 10 ("Die Flucht, ein Leben")

Die gestutzten Flügel der Phantasie. – Fernsehdokumentation (Regie: Susanne Müller-Hanpft und Martin Bosboom) ZDF 1991
anonym: taz, 91 08 11 (Grillparzer hat Geburtstag)
M.Z.: FR, 91 08 15 ("Die gestutzten Flügel der Phantasie")
Peuckert Tom: Tsp, 91 08 15 (Die gestutzten Flügel der Phantasie: Franz Grillparzer, ZDF)
Katz Anne Rose: SZ, 91 08 16 (Das merkwürdige Paar)

Theaterkritiken
(Spielzeit 1990/91 und 1991/92)

Das Goldene Vlies (Regie: Volkmar Kamm). Stadttheater St. Gallen 1990
(h.v.): VN, 90 09 25 (Grillparzers "Goldenes Vlies" hatte in St. Gallen Premiere)

Der Traum ein Leben (Regie: Martin Kusej). Grazer Schauspielhaus 1992
Taucher Claudia: KlZ, 92 04 05 (Horrortrip ins Nichts)
Spies Hansjörg: KlZ, 92 04 27 (Brückenspringer Rustan oder Rocking Grillparzer)
Petsch Barbara: Presse, 92 04 27 (Das Leben kein Traum)
Spies Hansjörg: WZ, 92 04 27 (Die Meuchler sind unter uns)

Weinzierl Ulrich: FAZ, 92 04 28 (Das Leben ein Albtraum)
Trenkler Thomas: Standard, 92 04 28 (Ein Trauma das Leben)
Kellermayr Rudolf: Furche, 92 04 30 (Alptraumleben)

Der Traum ein Leben (Regie: Ralph Bridle). Linzer Landestheater 1991
anonym: OÖN, 91 02 21 (Macht als Profilneurose)
Schwabeneder F.: OÖN, 91 02 23 (Spielschlacht um das Erbe)
Kraft Peter: SN, 91 02 23 (Überspannte Traumauslegung eines "unheilen Biedermeier")
Kain Franz: Volksstimme, 91 02 23 (Traum und Symbolik)

Die Ahnfrau (Regie: Helmut Wiesner). Gruppe 80 Wien 1991
Demmer Erich: AZ, 91 05 23 (Im Café "Zur Ahnfrau")
Koberg Roland: OÖN, 91 05 23 (Der Fluch der Ahnfrau)
Haider Hans: Presse, 91 05 23 (Die Halbwelt spricht Verse)
Pfoser Alfred: SN, 91 05 23 (Ein Schauerdrama wird in seiner Aktualität entdeckt)
Pohl Ronald: Standard, 91 05 23 (Die Vergreisung der Pippi Langstrumpf)
Rennhofer Maria: TT, 91 05 23 (Ahnfrau als stiller Schatten)
Haider-Pregler H.: WZ, 91 05 23 (Vergangenheit ist unkorrigierbar)
H.B.: Furche, 91 05 30 (Ahnfrau tot, Jaromir fidel)
Löffler Sigrid: profil, 91 06 10 (Gespenstersonate)
hai: Presse, 91 09 24 (Die Ahnfrau geistert wieder)
anonym: AZ, 91 10 01 (Köndgen in der Ahnfrau)

Die Ahnfrau (Regie: Andreas Seyferth). Pasinger Ritterwerke 1991
Detje Robin: SZ, 91 02 07 (Charme der Unschuld)

Die Ahnfrau (Regie: Rudolf Kautek). Tiroler Landestheater 1991
(u.st.): TT, 91 01 15 (In Fieberhitzen erscheint "Die Ahnfrau")
Pohl Ronald: Standard, 91 01 17 (Das Schicksalstuch in schwarzem Lurex)
Strohal Ursula: TT, 91 01 17 (Liebesmüh für Verlorenes)
Teuffenbach Ingeborg: TT, 91 01 17 (Ein raffinierter Krimi)
Höpfel Jutta: WZ, 91 01 22 (Das Unbewußte ausgeleuchtet)
Demel Helmut L.: präsent, 91 01 24 (Die Ahnfrau geistert herum)
Senn Elisabeth: präsent, 91 01 26/27 (Grillparzers psychologisch vertiefte Menschensicht überzeugend dargestellt)
Gradinger Malve: MM, 91 02 02/03 (Viel Schicksals-Drama und Schauer-Romantik)
Schlögl Michaela: Presse, 91 02 08 (Schizophrener Poltergeist)

Die Jüdin von Toledo (Regie: Thomas Langhoff). Salzburger Festspiele 1990
Thuswaldner Werner: SN, 90 07 21 (Chauvinismus und Antisemitismus)
Löffler Sigrid: profil, 90 08 06 (Verdammliche Liebe)
Höbel Wolfgang: Spiegel, 90 08 06 (Geht zur Lulu)
anonym: Welt, 90 08 07 (Ohne Titel)

Grack Günther: Tsp, 90 08 12 (Gewinn mit Grillparzer)
Tschulik Norbert: WZ, 90 08 12 (Komplexe Wurzeln eines Konflikts)
Hirschmann Christoph: AZ, 90 08 13 (Bürgerliches Wollustspiel)
Rohde Gerhard: FAZ, 90 08 13 (Der verliebte Bürgerdichter)
Iden Peter: FR, 90 08 13 (Mörder, Hoffnung der Frauen)
Dultz Sabine: MM, 90 08 13 (Von den unreflektierten Wallungen wilder Kindfrauen)
Schwabeneder F.: OÖN, 90 08 13 (Die Macht braucht ihre Leichen)
Haider Hans: Presse, 90 08 13 (In diesen Bühnenwassern kennt man die Rachel nicht)
Thuswaldner Werner: SN, 90 08 13 (Nur Tugend hilft gegen die Gefühle)
Herles Wolfgang: Standard, 90 08 13 (Tugend, Wollust, Macht)
Igneé Wolfgang: StZ, 90 08 13 (So sind die Großen)
Sucher Bernhard C.: SZ, 90 08 13 (Ein Opfer – geschlachtet aus Staatsräson)
Rennhofer Maria: TT, 90 08 13 (Grillparzer vom Odium des säuerlichen Hofrats befreit)
Wagner Renate: VN, 90 08 13 (Ein großer Sieg des Vertrauens)
Eichholz Armin: Welt, 90 08 13 (Des Busens und der Triebe Wellen)
haj.: NZZ, 90 08 14 ("Verlockt von eines Weibes üpp'gem Sinn")
Haider Hans: BZ, 90 08 16 (Rachel im Festspielbad)
F.M.: Furche, 90 08 16 (Zu viele Lacher)
Thuswaldner Werner: präsent, 90 08 16 (Die Aktualität eines Klassikers)
Kruntorad Paul: RM, 90 08 17 (Der König und des Dichters Liebestraum)
Michaelis Rolf: Zeit, 90 08 17 (Der Weg zum Blut)
Löffler Sigrid: profil, 90 08 20 (Rettung einer wirren Majestät)
Macher Hannes S.: Dolomiten, 90 08 23 (Ein herrlich aufpolierter Historienschinken)
Wagner Rainer: DAS, 90 08 31 (Salz in die Suppe)
Raab Michael: FAZ Magazin, 90 09 28 (Thomas Langhoff)

Die Jüdin von Toledo (Regie: Thomas Langhoff). Salzburger Festspiele 1991
cbs: SZ, 91 07 26 (Langhoff, Flimm – Sunnyi Melles)
Schwabeneder F.: OÖN, 91 08 07 (Vom Mord an der Sinnlichkeit)
hai: Presse, 91 08 07 (Blondes Langhaarbiest auf Herrenjagd)
Thuswaldner Werner: SN, 91 08 07 (Gefühle können mit Hilfe von Disziplin beseitigt werden)
Herles Wolfgang: Standard, 91 08 07 (Ein Stern an Salzburgs Endzeithimmel)
Sucher Bernd C.: SZ, 91 08 07 (Gespielter Diskurs)
Pribil H. G.: WZ, 91 08 20 (Von Lust, Schuld und Sühne)

Die Jüdin von Toledo (Regie: Michael Funke). Staatsschauspiel Dresden 1991
Krusche Friedemann: FAZ, 91 12 24 (Vom Liebeswahn zur Tyrannenwut)
Piens Gerhard: ND, 92 01 24 (Ein Abend, an dem sich die Schauspielkunst verzehrte)

Die Jüdin von Toledo (Regie: Trude Ackermann). Stadttheater Baden 1991

Klik Senta, Metzger Josef: Presse-Magazin, 91 11 29 (Grillparzer zu Ehren: Klassisches Wagnis mit "Flaum der Jugend")

Butterweck Helmut: Furche, 91 12 05 (Der Anspruch ist angemeldet)

Ein Bruderzwist im Hause Habsburg (Regie: Jürgen Wilke). Perchtoldsdorf 1991

Hirschmann Christoph: AZ, 91 07 05 (Ein Bühnenspiel aus dem Eisblock)

Petsch Barbara: Presse, 91 07 05 (Zeichen und Wunder)

Pfoser Alfred: SN, 91 07 05 (Altmodisches Ritter-Drama statt einer aktuellen Parabel)

Chernel Lona: WZ, 91 07 05 (Grillparzer bleibt aktuell)

Lohs Lothar: Standard, 91 07 06/07 (Kanonen- und Pastetenfutter)

Wagner Renate: WZ, 91 07 07 (Gespräch mit Romuald Pekny, der Rudolf II. spielt)

Rambosek Leonore: Furche, 91 07 11 (Throneinsamkeit)

Doppelbauer Regina: TT, 91 07 12 (Politische Spannung)

Wagner Renate: VN, 91 07 13/14 (Wien-Heimkehr mit Grillparzer)

König Ottokars Glück und Ende (Regie: Wolfgang Engel). Burgtheater Wien 1991

piz: Presse, 91 01 24 (Franz Grillparzers "König Ottokar" an der Burg)

Loibl Elisabeth: AZ, 91 01 25 (In Eurem Elend seid Ihr nicht besonders, versteht Ihr?)

Herles Wolfgang: Standard, 91 01 25 (Machtgiganten im Hühnerhof)

Hirschmann Christoph: AZ, 91 01 28 (Der Gipfel am Abgrund)

Weinzierl Ulrich: FAZ, 91 01 28 (Profis und Profiteure der Geschichte)

Dultz Sabine: MM, 91 01 28 (Am Ende: Österreich-Idyll durch Ironie gebrochen)

Herles Wolfgang: OÖN, 91 01 28 (Der Gourmand der Macht und der Staats-Technokrat)

Steiner Ulrike: OÖN, 91 01 28 (Lieblingsmythos abgestochen)

Haider Hans: Presse, 91 01 28 (Biedermeiers Traum vulgär hinterfragt, Buhrufe für die Regie)

Pfoser Alfred: SN, 91 01 28 (Hinter Friedensvisionen steckt letztlich das Machtinteresse)

Kaiser Joachim: SZ, 91 01 28 (So wird Grillparzer spielbar!)

Rennhofer Maria: TT, 91 01 28 (Erst eine Maß Bier, dann hinein in Ottokars Scheitern)

Haider Hans: BZ, 91 01 29 (Das Spiel der Mächtigen)

haj.: NZZ, 91 01 29 (Historische und dichterische Wahrheit)

Stadler Franz: Volksstimme, 91 01 29 (Kommerskronenkasino)

Haider-Pregler Hilde: WZ, 91 01 29 (Unkonventionelle Interpretation)

Bandhauer Dieter: taz, 91 01 30 (Das Trauma von Weimar)

Bandhauer Dieter: taz, 91 01 30 (Mit sanfter Ironie)

Wagner Renate: VN, 91 01 30 (Sturzflug durch die Jahrhunderte)

Kathrein Karin: Welt, 91 01 30 (Hoch gegriffen und tief gefallen)

anonym: Falter, 91 02 01 (Nicht in Dresden sterben)

Koberg Roland: Falter, 91 02 01 (Unter der Gürtellinie)

Iden Peter: FR, 91 02 02 (Niedergestochert)

Löffler Sigrid: profil, 91 02 04 (Kurzer Hochmut, langer Fall)
kg.: Dolomiten, 91 02 09/10 ("König Ottokars Glück und Ende")
Butterweck Hellmut: StZ, 91 02 13 (Zweimal schwächlich gestorben)
anonym: Presse, 91 02 18 (Burgtheater: Grillparzer, brillant vom Blatt gespielt)

König Ottokars Glück und Ende (Regie: Günter Gerstner). Freiburger Theater 1992
anonym: FR, 92 03 05 (Grillparzer-Inszenierung abgesetzt)

Libussa (Regie: Kurt Josef Schildknecht). Volkstheater Wien 1990
Petsch Barbara: Presse, 90 08 28 (Die Seherin und der Frauenstaat)
Zimmermann Gernot W.: Standard, 90 09 03 (Die übertäubte Herzensstimme)
Loibl Elisabeth: AZ, 90 09 05 (Ökologie versus Technokratie)
Hirschmann Christoph: AZ, 90 09 08 (Herz oder Ellbogen?)
Spies Hansjörg: KlZ, 90 09 08 (Männeropfer Libussa)
Plakolb Ludwig: OÖN, 90 09 08 (Zeitenwende – Wendezeit)
Pfoser Alfred: SN, 90 09 08 (Rehabilitierter Grillparzer mit kräftigen Aussagen)
ukh - : Volksstimme, 90 09 08 (Seherin in Welt der Zwecke)
Martin Gunther: WZ, 90 09 08 (Sagenhaftes auf der Drehscheibe)
Pizzini Duglore: Presse, 90 09 08/09 (Ein Dichter ist zu entdecken)
Herles Wolfgang: Standard, 90 09 08/09 (Grillparzer im Theater-Museum)
Rennhofer Maria: TT, 90 09 08/09 (Wo Macht und Emanzipation in Unterwerfung münden)
Rambosek Leonore: Furche, 90 09 13 (Zu wenig Leben)
Hrachovec Herbert: Falter, 90 09 14 (Das Schwerste dieser Welt ist der Entschluß)
Beer Otto F.: SZ, 90 09 18 (Die schwierige Libussa)
Schaber Susanne: StZ, 90 10 17 (Es schnitzlert, es grillparzert)
anonym: WZ, 91 02 28 (Prag: Gastspiel des Wiener Volkstheaters)
Götz Thomas: KlZ, 91 03 01 (Beim "dunklen Volk")
anonym: WZ, 91 03 03 (Diskussionsstoff "Libussa")

Medea (Regie: Horst Ruprecht). Salzburger Kammerspiele 1991
Thuswaldner Werner: SN, 91 11 25 (Das qualvolle Auseinanderbrechen einer Ehe untermalt von wohltuender Filmmusik)
KMA: Furche, 91 11 28 (Medea exekutiert)
Holzer Susanna: OÖN, 91 11 28 (Selbstgefällige Zeitkritik)
Kriechbaum Reinhard: WZ, 91 12 04 (Königskinder und bayrische Susn)
Freitag Karin: ND, 92 02 03 ("Medea" oder Die Fessel bürgerlicher Konvention)

Sappho (Regie: Franz Werdeker). Spielraumtheater Wien 1990
Sulzenbacher Hannes: Falter, 90 11 30 (Spielraum im Zwiespalt)

Sappho (Regie: Helmut Wiesner). Gruppe 80 1992

Haider Hans: Presse, 92 05 25 (Viel Ibsen auf Lesbos)
Pfoser Alfred: SN, 92 05 25 (Leidensgeschichte der hehren Dichterin)
Haider-Pregler Hilde: WZ, 92 05 25 (Requiem für eine Dichterin)
H.B.: Furche, 92 05 28 (Story von heute)
Sulzenbacher Hannes: Falter, 92 05 29 (Ohne Titel)
anonym: profil, 92 06 01 (Ohne Titel)
Wagner Renate: VN, 92 06 02 (Die Gruppe 80 spielt Grillparzers "Sappho")

Weh' dem, der lügt! (Regie: Helmut Polixa). Bad Hersfelder Festspiele 1991

Köpke Horst: FR, 91 06 25 (Ein pfiffiger Franzos' und ein weiser Jude)

Weh' dem, der lügt! (Regie: Ignaz Kirchner). Schloßparktheater Berlin 1992

Grack Günther: Tsp, 92 02 17 (Ritterschlag für einen Blödian)
Hochhuth Rolf: FR, 92 02 27 (Gelalle, Geleier, Gelächter)
Wiegenstein Roland H.: FR, 92 02 27 (Wer lügt denn da?)

Weh' dem, der lügt! (Regie: Stefan Bruckmeier). Volkstheater Wien 1992

Pohl Ronald: Standard, 92 05 08 (Wilder Westen Weghuberpark)
Koberg Roland: OÖN, 92 05 12 (Asterix bei den Barbaren)
Petsch Barbara: Presse, 92 05 12 (Vorzugsschüler im Barbarenland)
Pfoser Alfred: SN, 92 05 12 (Grillparzer als Comic verspielt)
Martin Günther: WZ, 92 05 12 (Ulk im Wald des Rheingaus)
Doppelbauer Regina: TT, 92 05 13 (Grillparzer nicht für Puristen)
Koberg Roland: Falter, 92 05 15 (Spielplan)
Wagner Renate: VN, 92 05 15 (Wohl dem, der scherzt)

Lesungen

Frick Johanna: WZ, 90 11 03 (Dichter der letzten Dinge)
anonym: Presse, 91 01 23 (Franz Grillparzer)
Kraft Peter: SN, 91 01 23 (Kaffeejause bei Hofrat Grillparzer)
(i.t.): TT, 91 02 21 (Grillparzers ganze Wortkunst)
anonym: WZ, 91 07 04 (Literatur auf Burg Forchtenstein)
anonym: AZ, 91 08 03/04 (Grillparzer-Wallfahrt)
anonym: Presse, 91 08 29 (Literatur auf Burg Forchtenstein)
anonym: VN, 91 10 25/26 (Grillparzer-Abend in Hohenems)

Gedichtinterpretationen

H.E.: Dolomiten, 91 01 12/13 (Zu Grillparzers Gedicht "Güte")
Keim Ingrid: Dolomiten, 91 01 12/13 (Franz Grillparzer: Zu Mozarts Feier)
Eichbichler Hermann: Dolomiten, 91 01 26/27 (Zu Grillparzers Gedicht "An die Sammlung")
H.E.: Dolomiten, 91 01 26/27 (Franz Grillparzers Gedicht "Liszt")
H.E.: Dolomiten, 91 02 09/10 (Zu den Versen aus dem "Bruderzwist")

DIE AUTORINNEN UND AUTOREN

Helmut Bachmaier
Geboren 1946. Dr. phil. Seit 1981 Professor für Literaturwissenschaft an der Universität Konstanz. Zahlreiche Veröffentlichungen u.a. zu Hölderlin und Franz Grillparzer. Herausgeber der Frankfurter Grillparzer-Gesamtausgabe und der kritischen Karl-Valentin-Ausgabe.

Ulf Birbaumer
Geboren 1939. Dr. phil. Professor für Theaterwissenschaft an der Universität Wien. Dramaturgische und organisatorische Mitarbeit beim Wiener Fo-Theater. Arbeiten zum Altwiener Volkstheater und über "Alternative theatrale Kommunikation in Europa nach 1965" (Fo, Boal, Gatti).

Dieter Borchmeyer
Geboren 1941. Dr. phil. Professor für Germanistik und Theaterwissenschaft an der Universität München. Forschungsschwerpunkte bilden die Literatur des 18. und 19. Jahrhunderts sowie das Theater Richard Wagners.

Detlef Felken
Geboren 1957. Dr. phil. Historiker, arbeitet als Lektor in München. Arbeiten u.a. zu Oswald Spengler und zur amerikanischen Deutschlandpolitik.

Ulrich Fülleborn
Geboren 1920. Dr. phil. Em. Professor für Neuere Deutsche Literaturgeschichte der Universität Erlangen. Träger des Grillparzer-Rings. Zahlreiche Veröffentlichungen insbesondere zur deutschsprachigen Literatur des 19. und 20. Jahrhunderts, darunter immer wieder Arbeiten zu Franz Grillparzer.

Herbert Gamper
Geboren 1936. Dr. phil. Nach der Habilitation 1975 Privatdozent an der Universität Zürich. Tätigkeit als Redakteur, Literatur- und Theaterkritiker, Dramaturg. Arbeiten zu Jean Paul und vorwiegend zur neueren österreichischen Literatur.

Herbert Hrachovec
Geboren 1947. Dr. phil. Wissenschaftliches Mitglied des Wissenschaftscollegs zu Berlin. Habilitationsschrift über Metaphysiküberwindung: "Vorbei. Heidegger, Frege, Wittgenstein. Vier Versuche." Arbeitet über analytische Philosophie, Metaphysik und Ästhetik.

Günter Kaindlstorfer
Geboren 1963. Nach dem Studium der Philosophie und Publizistik von 1985-1992 Literaturkritiker und Feuilleton-Redakteur der "Arbeiter Zeitung". Lebt als freier Journalist in Wien.

Michael Klein
Geboren 1939. Dr. phil. Assistent am Institut für Germanistik der Universität Innsbruck. Leiter des dortigen Zeitungsarchivs und der Abteilung für Literaturkritik und Rezeptionsforschung. Herausgeber des Briefwechsels zwischen Alfred Kubin und Fritz von Herzmanovsky-Orlando, ferner Publikationen besonders zur Rezeptionsforschung.

Gerhard Melzer
Geboren 1950. Dr. phil. Professor am Institut für Germanistik der Karl-Franzens-Universität Graz. Leiter des Franz-Nabl-Instituts für Literaturforschung in Graz. Publizistische Tätigkeiten für den ORF und verschiedene Zeitungen. Veröffentlichungen vor allem zur österreichischen Gegenwartsliteratur.

Rolf Michaelis
Geboren 1933. Dr. phil. Theater- und Literaturkritiker der "Zeit" seit 1973. Zahlreiche Buchveröffentlichungen und Beiträge in Zeitschriften, vor allem zur deutschsprachigen Literatur des 20. Jahrhunderts.

Lorenz Mikoletzky
Geboren 1945. Dr. phil. Historiker, seit 1969 Archivar im Österreichischen Staatsarchiv, seit 1991 Direktor der Abteilung Allgemeines Verwaltungsarchiv. Bis Dezember 1991 Generalsekretär der Grillparzer-Gesellschaft. Neben zahlreichen Arbeiten zur österreichischen Geschichte immer wieder auch Veröffentlichungen zu Franz Grillparzer.

Günther Nenning
Geboren 1921. Dr. phil., Dr. rer. pol. "Redesteller und Schriftsteller". In den sechziger Jahren Eigentümer und Chefredakteur der österreichischen Kulturzeitschrift "Forum". Regelmäßiger Kolumnist in verschiedenen Zeitungen und Zeitschriften, u.a. in "profil" (Österreich), "Die Zeit" (Deutschland), und "Die Weltwoche" (Schweiz). Zahlreiche, vor allem historische und ökologische Publikationen.

Richard Reichensperger
Geboren 1961. Dr. jur., Dr. phil. Mitarbeiter an der Österreichischen Akademie der Wissenschaften und freier Journalist. Herausgeber der Werke Ilse Aichingers im Fischer-Taschenbuchverlag. Veröffentlichungen in Zeitungen zu Aichinger, Celan, Prießnitz und Musil.

Stephan Reimertz
Geboren 1962. Studium der Philosophie. Freier Schriftsteller und Publizist. Essays, Kurzgeschichten und Kolumnen in führenden deutschen Zeitungen. Internationale Vortragstätigkeit.

Adalbert Schmidt
Geboren 1906. Dr. phil. Em. Professor für Literatur- und Geistesgeschichte der Universität Salzburg. Arbeiten vorwiegend zur österreichischen Literatur des 19. und 20. Jahrhunderts.

Renate Wagner
Geboren 1964. Dr. phil. Arbeitet als freie Mitarbeiterin für verschiedene österreichische Zeitungen und den Österreichischen Rundfunk (Hörfunk, Abteilung Kultur). Zahlreiche Buchveröffentlichungen, u.a. über Arthur Schnitzler und Ferdinand Raimund.

Hilde Weiss
Geboren 1957. Dr. phil. Freiberuflich wissenschaftlich und journalistisch tätig. Lehrbeauftragte der Universität Wien. Zahlreiche Arbeiten im Bereich Psychologie, Medien, Literatur.